中国石化
SINOPEC

中国石油化工集团公司
公司纠纷典型案例

中国石化企改和法律部◎编

中国经济出版社
CHINA ECONOMIC PUBLISHING HOUSE
·北 京·

图书在版编目（CIP）数据

中国石油化工集团公司公司纠纷典型案例 / 中国石化企改和法律部编 . --北京：中国经济出版社，2024.6

ISBN 978-7-5136-7751-6

Ⅰ. ①中… Ⅱ. ①中… Ⅲ. ①石油化工企业-股权管理-案例-中国 Ⅳ. ①F426.22

中国国家版本馆 CIP 数据核字（2024）第 088552 号

责任编辑 罗 茜
责任印制 马小宾
封面设计 任燕飞

出版发行 中国经济出版社
印 刷 者 北京科信印刷有限公司
经 销 者 各地新华书店
开　　本 710mm×1000mm 1/16
印　　张 10.5
字　　数 130 千字
版　　次 2024 年 6 月第 1 版
印　　次 2024 年 6 月第 1 次
定　　价 58.00 元
广告经营许可证 京西工商广字第 8179 号

中国经济出版社 **网址** http://epc.sinopec.com/epc/ **社址** 北京市东城区安定门外大街 58 号 **邮编** 100011

编写组

组　长　杜江波

副组长　肖学明　杜宝伟　张晓峰　方　云

成　员　常明霞　江　渊　余艳霞　徐　阳
马继亮　王凌云　荣　睿　郭　飞
杨心刚　陈雅丽　黄东潮　张　禾
张　旭　蒙　翼　王　晓　崔婧瑜
刘宇麟　林　玲　程　艳　陈成凯
庞若杉　周　聪　王　储　史振燕
熊　萱　杨　蕾　葛　梅　章晓蓓
张书明　李云凤　王海建　周　畅
董朝阳　刘银平　徐　睿　赵墨洋
蒋学然　唐小玲　胡俊杰　郭　阳
马　倩　刘坤荣　张宇宁

PREFACE 前言

与公司有关的纠纷是商业领域常见的法律纠纷之一，也是近年来集团公司发案数量较多的纠纷类型。为进一步提升公司纠纷管理水平，为股权管理工作提供法律支持，按照集团公司股权管理提升行动工作整体部署，我们组织系统内法律专家，选取了近年来系统内发生的股权管理方面26个代表性案例，编写了本案例汇编。这些案例涵盖了公司设立、治理、运营和退出的全生命周期，涉及公司设立、股东出资、公司决议、股权转让、股东权益保护、商标字号、公司解散等公司经营管理事项。

在编辑、整理这些案例过程中，我们一方面加强已办结案件的复盘分析，针对不同案由的公司纠纷，梳理法律依据、做好法律分析、复盘法律应对方案，希望能进一步提升全体法律人员的公司纠纷处置水平。另一方面，我们深挖案件背后反映的管理问题，找出集团公司股权投资方面的法律风险敞口，尽可能提出有针对性的解决方案，做好案件管理“后半篇文章”，为投资及股权管理业务人员提供法律支持，努力实现法律创造价值。希望各单位组织相关人员认真研读书中案例，切实提升业务人员的法律意识，以案说法、以案促管，进一步提升集团公司股权管理工作整体质量和效率。

由于编写人员水平有限，案例编写过程中难免出现错漏，欢迎批评指正。

企改和法律部

2024年6月5日

CONTENTS 目录

公司设立及股东出资纠纷

房产出资未变更　巧用判决维权益
——某石油公司股权确认合同纠纷 …… 003
土地出资未履约　坚决维权获支持
——某石油分公司股东出资纠纷 …… 009

股东资格确认纠纷

股东纷争难决议　法律维权解难题
——高桥石化股东确权纠纷 …… 017
股权确认设阻挠　高效应诉推项目
——某销售石油分公司合资合作纠纷 …… 022
隐名股东失权益　履行到位获胜诉
——某石油公司联营企业股权确认纠纷案 …… 027
违规决议损股权　理清证据促维权
——S 石油公司同张某等人的股权纠纷 …… 032
联营手续不齐全　关系认定维权难
——加油站联营关系认定纠纷 …… 037

股权登记未落实　确权之诉终获胜
——加油站股东资格确认及变更公司登记纠纷…………………… 041

股东权益保护纠纷

股利归属成争议　有效解纷效果佳
——集团公司、财务公司作为第三人的公司盈余分配纠纷系列案件………………………………………………………………… 049
境外合资生矛盾　股东行权应合规
——某境外合资公司股东纠纷……………………………………… 055
依法维权经波折　以诉促谈解纠纷
——某石油公司股东知情权及合同纠纷…………………………… 060
越权签约引诉讼　多元化解终破局
——加油站担保、借款、买卖合同纠纷…………………………… 067
联营纠纷需知情　约定优先是关键
——D公司与C加油站知情权纠纷……………………………… 072

股权转让纠纷

诉讼时效已届满　债务重新确认难
——资产管理公司济南分公司诉山东省石油天然气开发总公司股权转让案…………………………………………………………… 081
股权转让需谨慎　“一”字不同有麻烦
——A石油公司收购油站股权合同纠纷…………………………… 086
跨国并购蒙损失　仲裁维权获赔偿
——某海外并购交易索赔纠纷……………………………………… 090

公司经营管理纠纷

合作协议惹争议　限竞条款需谨慎
——S 公司与 J 公司合作协议纠纷 …………………………… 099
单方经营惹争议　知情证明成关键
——某加油站承包合同无效案…………………………………… 104
合作开发有风险　签订合同要谨慎
——某公司土地合作开发合同案件……………………………… 108
政策调整惹争议　据理力争终胜诉
——某合资公司区块合作纠纷…………………………………… 113
假冒国企引混淆　字号维权护品牌
——某字号不正当竞争纠纷……………………………………… 118
商号授权不规范　合资管理需优化
——某石油公司商标字号侵权纠纷案…………………………… 124

公司解散破产纠纷

关联交易生损害　股东维权终退出
——C 合资公司股权退出纠纷 ………………………………… 133
公司僵局破解难　解散维权路漫漫
——合资公司解散纠纷…………………………………………… 138
“借船出海”破僵局　促“执转破”化难题
——参股公司不良股权清退纠纷………………………………… 144
公司受损维权难　推进破产解乱局
——某乙醇合资公司亏损破产纠纷……………………………… 149

公司设立及股东出资纠纷

房产出资未变更　巧用判决维权益

——某石油公司股权确认合同纠纷

【摘要】2000年4月28日，A公司和B公司将汇新安加油站有限公司的全部股权转让给C石油公司，并签订《S市汇新安加油站有限公司股权转让协议书》。因当时法律规定公司为一人股东时无法办理股权变更登记，为满足工商登记程序，C石油公司拉入D公司作为股权受让方，并于2000年5月重新签订《股权转让协议》，同时办理公证。因加油站房产登记在A公司名下未完成过户，C石油公司尚有180万元未支付。2018年A公司提起诉讼，要求C石油公司返还加油站房产。同年C石油公司提起另诉，要求A公司履行出资义务过户加油站房产，两案皆被法院驳回。2020年A公司再次起诉，要求法院：①确认2000年4月28日双方签订的《S市汇新安加油站有限公司股权转让协议书》未履行并失效；②确认双方2000年5月签订的《股权转让协议》有效并实际履行；③C石油公司支付拖欠的股权转让款180万元及利息。经一审、二审，最终法院驳回A公司的全部诉请，C石油公司继续经营汇新安加油站有限公司。

一、基本案情

1998年7月，A公司和B公司成立了汇新安加油站有限公司。

2000 年 2 月，A 公司将汇新安加油站房地产证办理在自身名下，《房地产证》首页写明“不得买卖，抵押（典当）、出租须按有关规定办理。”

2000 年 4 月 16 日，出于股权收购目的，C 石油公司对汇新安加油站有限公司进行评估。其中，《评估结果报告书》明确，评估范围为汇新安加油站全部资产，该报告书包含了加油站房地产证。

2000 年 4 月 28 日，甲方 A 公司和 B 公司与乙方 C 石油公司签订《S 市汇新安加油站有限公司股权转让协议书》，协议主要约定：①甲方转让汇新安加油站有限公司的全部股权给乙方；②乙方股权收购的金额以《评估结果报告书》对该加油站的固定资产评估报告为基础；③本合同生效后，汇新安加油站有限公司的房地产权证书和工商注册股权变更，应由甲方负责办理，乙方协助操作。

双方签订协议后，C 石油公司才了解到法律规定公司为一人股东时无法办理股权变更登记，随即要求增加 D 公司为股权受让方（D 公司是 C 石油公司的全资子公司）。

2000 年 5 月 15 日，各方重新签订了《股权转让协议》，并办理公证手续和股权变更手续。根据新协议，在汇新安加油站有限公司中，C 石油公司占股 90%、D 公司占股 10%（后 D 公司将全部股权给了 C 石油公司）。因房产证一直登记在 A 公司名下，C 石油公司尚有 180 万元股权转让款未支付给 A 公司。

2016 年，加油站房地产证更换为《不动产权证书》，仍然登记在 A 公司名下，相关的土地使用税及房产税亦由 A 公司按规定交纳，土地用途均为商业油站及配套办公，房屋用途为加油站，房屋性质均为自建房（非市场商品房）。

2018 年 2 月 1 日，A 公司以汇新安加油站有限公司、C 石油公司为被告向法院提起返还原物诉讼，请求立即停止侵权，返还土地和房产并赔偿损失。2018 年 12 月 25 日，法院一审判决驳回 A 公司的全部诉讼请求。A 公司不服，提起上诉。2020 年 4 月 21 日，二审法院判决驳回上诉，维持原判。其中，一审判决认定："本案争议焦点应是股权转让中是否将涉案房地产归入汇新安加油站有限公司名义的房地产。法院认为无论涉案房地产是否应为 A 公司的出资，双方在《S 市汇新安加油站有限公司股权转让协议》中已经明确将涉案房地产按照汇新安加油站有限公司名义的房地产作为转让的标的予以转让，在没有其他证据推翻《S 市汇新安加油站有限公司股权转让协议》的约定下，双方应严格遵守合同约定，即根据合同汇新安加油站有限公司、C 石油公司有权占有涉案房地产，A 公司要求返还原物，没有法依据。"

2018 年 5 月，C 石油公司、汇新安加油站有限公司以 A 公司为被告，向法院提起股东出资诉讼，请求 A 公司履行出资义务，立即将 A 公司加油站房产过户至汇新安加油站有限公司名下。但一审法院驳回了 C 石油公司、汇新安加油站有限公司的全部诉讼请求。经上诉，二审法院认为："A 公司已履行出资义务，汇新安加油站、C 石油公司主张 A 公司系以案涉房产和土地使用权作为股东出资，依据不足。而且 A 公司诉汇新安加油站、C 石油分公司返还原物一案中，一审法院生效民事判决已认定涉案房地产按照汇新安加油站有限公司名义的房地产作为转让标的予以转让，故有关涉案房产的权属变更争议，汇新安加油站、C 石油公司可另循法律途径解决。"最终判决驳回上诉，维持原判。

2020 年 7 月，A 公司再次起诉 C 石油公司、汇新安加油站有限公司，要求法院确认：①2000 年 4 月 28 日签订的《S 市汇新安加油站有限公司股权转让协议书》成立但未实际履行，并于 2000 年 5 月 15 日失效；②确认 A 公司与 C 石油公司和 D 公司于 2000 年 5 月 15 日签订的《股权转让协议书》有效并已实际履行；③支付拖欠的股权转让款 180

万元以及相应利息。此次，一审法院支持了A公司的诉求。C石油公司、汇新安加油站有限公司不服，提起上诉，二审法院最终撤销一审判决，驳回A公司的全部诉讼请求。

二、法律分析

A公司要求：①确认2000年4月28日签订的《S市汇新安加油站有限公司股权转让协议书》未实际履行，并2000年5月失效；②确认2000年5月重新签订的《股权转让协议》有效并实际履行；③支付拖欠的股权转让款180万元以及利息。因此，本案争议焦点是A公司的诉讼请求是否属于确认之诉；若属于确认之诉，双方2000年4月28日签订的《股权转让协议》是否实际履行。

（一）A公司的诉讼请求不属于确认之诉，不属于法院受理范围

所谓诉，是指当事人向法院提出的，请求法院就特定的法律主张或权利主张进行裁判的诉讼行为。诉的内容有两个因素，诉讼标的与诉讼理由。诉的标的是原告依法提出的，与被告有争议并要求法院通过审判解决的法律关系及权利主张。诉的理由是原告提出诉讼请求所依据的事实，是指引起当事人之间实体法律关系发生、变更、消灭的事实或者权利受到侵害或法律关系发生争议的事实。从诉的类型看，一般可分为给付之诉、确认之诉、变更之诉。其中确认之诉在于确认当事人之间的法律关系存在或者不存在，其客体是法律关系，不包括事实和事实关系。本案A公司诉讼请求的第一项、第二项均属于事实和事实关系，不属于诉的内容，因此不属于人民法院审理范围。

（二）本案诉求在之前的生效判决中已确认，属于重复诉讼，法院应驳回其诉讼请求

2018 年，A 公司在诉汇新安加油站有限公司、C 石油公司返还原物纠纷一案中，主张汇新安加油站有限公司、C 石油公司占用加油站构成侵权，请求返还涉案房地产。法院在该案的生效判决中曾确认，双方已实际履行 2000 年 4 月 28 日签订的《S 市汇新安加油站有限公司股权转让协议书》，双方在该协议书中明确将涉案房地产按照汇新安加油站有限公司名义的房地产作为转让标的予以转让，应严格遵守合同约定。由此法院认定汇新安加油站有权占有涉案房地产，驳回 A 公司的诉讼请求。此次 A 公司请求确认双方于 2000 年 4 月 28 日签订的《S 市汇新安加油站有限公司股权转让协议书》成立但未实际履行，其实质在于否定 2018 年返还原物的生效判决的认定，属于重复诉讼。

（三）2000 年 4 月 28 日签订的转让协议已实际履行

2000 年 4 月 28 日的《S 市汇新安加油站有限公司股权转让协议书》与 2000 年 5 月 15 日的《股权转让协议书》在实质上为同一整体协议。根据当时的法律规定，2000 年办理工商登记，公司股东不能为一人股东，因此仅依据 2000 年 4 月 28 日的《S 市汇新安加油站有限公司股权转让协议书》无法办理股权变更登记。

为了解决这一问题，各方均同意增加 D 公司作为股权受让方，其他协议内容不变。事实上双方也是将前后签署的协议作为一个整体协议履行的：以加油站移交清单为例，加油站的土地、房产交割及营业执照等资产文件的移交，都是依据 2000 年 4 月 28 日的《S 市汇新安加油站有限公司股权转让协议书》内容进行实质性履行，依据 2000 年 5 月 15 日的《股权转让协议书》办理股权变更工商登记手续。另外，自股权转让协议签订后，该土地及对应房产一直由汇新安加油站有限公司占

有、使用和收益，A 公司长达 20 年无任何异议及权利主张。

（四）股权转让款 180 万元以及利息已过诉讼时效

依据 2000 年 5 月 15 日的《股权转让协议书》，C 石油公司应于转让生效之日起三天内一次性付清款项，但 C 石油公司尚余 180 万元未支付给 A 公司。直至本案起诉，A 公司才向 C 石油公司主张该权利，A 公司的诉请显然已超过诉讼时效，依法应予以驳回。

三、启示体会

（一）选择合适的应对思路

本案中 2000 年 4 月 28 日的《S 市汇新安加油站有限公司股权转让协议书》股权受让方为 C 石油公司，而经过公证的 2000 年 5 月 15 日《股权转让协议书》的股权受让方为 C 石油公司和 D 公司，股权变更也是依据该协议，因此 C 石油公司一直处于被动地位。在确定案件方案过程中，我方跳出传统应对思路，从是否确认之诉的角度，提出 A 公司的诉讼请求属于事实认定而不是法律关系认定，该观点最终也获得法院支持。

（二）巧用法院的先期生效判决

之前已发生的两起诉讼，分别是 A 公司起诉 C 石油公司返还房产以及 C 石油公司起诉 A 公司要求履行出资、完成土地房产过户。本案在处理时，C 石油公司牢牢抓住之前案件法院作出的认定，即《S 市汇新安加油站有限公司股权转让协议》中已经明确将涉案房地产按照汇新安加油站有限公司名义的房地产作为转让的标的予以转让这个事实，提出 A 公司的诉求本质是想推翻已生效判决。最终二审法院认可了该观点，并支持了 C 石油公司的诉请。

土地出资未履约　坚决维权获支持

——某石油分公司股东出资纠纷

【摘要】A 加油站系个人独资企业，王某系其投资人。B 石油分公司与 A 加油站签订《合作经营协议书》，约定双方合作竞买商业出让地使用权以及组建合资公司（C 公司）相关事宜。A 加油站取得上述土地后，其负责人王某向 B 石油分公司出具的承诺书、双方签订的《合资经营合同》和 C 公司章程里均有将案涉土地使用权过户到 C 公司的相关约定，但 A 加油站未按约定执行。一审法院判决 A 加油站应将涉案土地过户至 C 公司名下，二审维持原判，案涉土地使用权过户已执行到位。

一、基本案情

A 加油站系个人独资企业，王某系其投资人。B 石油分公司与 A 加油站于 2015 年 12 月 25 日签订《合作经营协议书》，约定双方合作竞买商业出让地使用权以及组建合资公司（C 公司）的相关事宜。2016 年 1 月 13 日，A 加油站摘得定向挂牌的上述土地；2016 年 5 月 4 日，A 加油站负责人王某向 B 石油分公司出具承诺书，承诺双方成立联营公司，其中 A 加油站以土地按定向挂牌成交价格出资（不溢价），控股 51%，B 石油分公司以现金出资，持股 49%，C 公司成立后 A 加油站将土地使用权办至C公司名下，以C公司主体资格履行加油站建设报建相关审批手续，并在加油站建成开业后，将A加油站持有的51%股权转让给B石油分公司。后B石油分公司与A加油站于2016年7月22日签订的《合资经营合同》及C公司章程，均对C公司的名称、占股比例、违约责任等事宜进行了详细的约定，其中合同第四条约定，加油站应于合同签订之日起30个工作日内，将涉案土地的土地使用权过户到C公司名下。C公司于2016年5月24日注册登记成立，登记股东为B石油分公司（已履行出资义务）、A加油站（未履行土地过户义务）。2020年11月B石油公司以A加油站未按合同履行土地过户为由向法院提起诉讼。

法院受理该案后，2021年5月做出一审判决：判处A加油站于判决生效之日起十日内将涉案土地过户至C公司名下。宣判后A加油站不服判决，向上级法院提出上诉。2021年10月，二审法院判决：驳回上诉，维持原判。

二、法律分析

（一）案件争议焦点

本案二审的争议焦点为：①被上诉人B石油分公司是否具备本案诉讼主体资格；②案涉《合作经营协议书》《合资经营合同》是否合法有效；③上诉人是否变更了出资方式，并以货币出资方式履行了出资义务；④一审审理程序是否合法。

B石油分公司以《合作经营协议书》《合资经营合同》为依据主张A加油站应履行出资义务，故本案系股东出资纠纷，A加油站以B石油分公司与其洽谈收购事宜抗辩本案系股权转让纠纷。B石油分公司与A加油站就股权转让事宜进行了沟通协调，但该股权转让与B石油分公司的诉求并非同一法律关系，故本案案由并非股权转让纠纷。

（二）相关法律条文分析

1.《中华人民共和国公司法》《最高人民法院关于适用〈中华人民共和国公司法〉若干问题的规定（三）》

《中华人民共和国公司法》第二十八条规定："股东应当按期足额缴纳公司章程中规定的各自所认缴的出资额。股东以货币出资的，应当将货币出资足额存入有限责任公司在银行开设的账户；以非货币财产出资的，应当依法办理其财产权的转移手续。

股东不按照前款规定缴纳出资的，除应当向公司足额缴纳外，还应当向已按期足额缴纳出资的股东承担违约责任。"

《最高人民法院关于适用〈中华人民共和国公司法〉若干问题的规定（三）》第十三条规定："股东未履行或者未全面履行出资义务，公司或者其他股东请求其向公司依法全面履行出资义务的，人民法院应予支持。

公司债权人请求未履行或者未全面履行出资义务的股东在未出资本息范围内对公司债务不能清偿的部分承担补充赔偿责任的，人民法院应予支持；未履行或者未全面履行出资义务的股东已经承担上述责任，其他债权人提出相同请求的，人民法院不予支持。

股东在公司设立时未履行或者未全面履行出资义务，依照本条第一款或者第二款提起诉讼的原告，请求公司的发起人与被告股东承担连带责任的，人民法院应予支持；公司的发起人承担责任后，可以向被告股东追偿。

股东在公司增资时未履行或者未全面履行出资义务，依照本条第一款或者第二款提起诉讼的原告，请求未尽公司法第一百四十七条第一款规定的义务而使出资未缴足的董事、高级管理人员承担相应责任的，人民法院应予支持；董事、高级管理人员承担责任后，可以向被告股东追偿。”

可见股东出资违约情形包括两种：一是未履行出资义务，二是未全面履行出资义务。其中，未履行出资义务包括货币未足额出资及非货币财产未转移财产权两种情形。本案中，A 加油站未将案涉土地过户至 C 公司名下，构成违约。B 石油分公司有权依据合同约定要求 A 加油站继续履行，B 石油分公司的诉讼请求符合法律规定，故一审法院予以支持。

2.《中华人民共和国民事诉讼法》和《最高人民法院关于适用〈中华人民共和国民事诉讼法〉的解释》

分支机构是具有一定独立性的机构，通常有自己的名称、场所、管理机构和负责人，以及从事业务活动所需要的资金和从业人员；此外，分支机构会建立符合规定的财务制度，营利法人分支机构还会领取独立的营业执照。为便于分支机构开展业务活动，应允许分支机构以自己的名义从事民事活动，包括以诉讼主体地位参与诉讼。《中华人民共和国民事诉讼法》第五十一条第一款规定：“公民、法人和其他组织可以作为民事诉讼的当事人。”对于该条的理解与适用问题，最高人民法院《关于适用〈中华人民共和国民事诉讼法〉的解释》第五十二条规定：“民事诉讼法第五十一条规定的其他组织是指合法成立、有一定的组织机构和财产，但又不具备法人资格的组织，包括：（一）依法登记领取营业执照的个人独资企业；（二）依法登记领取营业执照的合伙企业；（三）依法登记领取我国营业执照的中外合作经营企业、外资企业；（四）依法成立的社会团体的分支机构、代表机构；（五）依法设立并领取营业执照的法人的分支机构；（六）依法设立并领取营业执照的商业银行、政策性银行和非银行金融机构的分支机构；（七）经依法登记领取营业执照的乡镇企业、街道企业；（八）其他符合本条规定条件的组织。”

根据该规定，依法设立并领取营业执照的法人的分支机构具有诉讼主体资格，可以作为民事诉讼的当事人。

可见关于焦点 1，《中华人民共和国民事诉讼法》及其司法解释明确规定了依法设立并领取营业执照的法人分支机构可以作为民事诉讼的当事人。且本案中 B 石油分公司已经授权，故 B 石油分公司在本案中有权以自己的名义就案涉纠纷提起诉讼。

3.《最高人民法院关于民事诉讼证据的若干规定》

《最高人民法院关于民事诉讼证据的若干规定》第九条规定：“有下列情形之一，当事人在法庭辩论终结前撤销自认的，人民法院应当准许：（一）经对方当事人同意的；（二）自认是在受胁迫或者重大误解情况下作出的。

人民法院准许当事人撤销自认的，应当作出口头或者书面裁定。”

由此可见，关于争论焦点 2，依法成立的合同自成立之时生效。双方在案涉《合作经营协议书》《合资经营合同》中加盖公章，A 加油站在一审中对上述协议书、合同中 A 加油站加盖的公章的真实性予以认可，且上述协议书、合同内容不违反法律、行政法规强制性规定，故合法有效。A 加油站在二审中否认案涉《合作经营协议书》《合资经营合同》中 A 加油站的公章及其法定代表人王某签订的真实性，不符合《最高人民法院关于民事诉讼证据的若干规定》第九条规定的情形，对其鉴定申请依法不予准许。

4.《中华人民共和国民事诉讼法》

《中华人民共和国民事诉讼法》第一百三十条规定：“人民法院受理案件后，当事人对管辖权有异议的，应当在提交答辩状期间提出。人民法院对当事人提出的异议，应当审查。异议成立的，裁定将案件移送有管辖权的人民法院；异议不成立的，裁定驳回。当事人未提出管辖异议，并应诉答辩或者提出反诉的，视为受诉人民法院有管辖权，但违反级别管辖和专属管辖规定的除外。”

关于争论焦点 4，B 石油分公司向一审法院提起诉讼后，A 加油站并未提起管辖权异议，并答辩应诉，本案一审法院所在地亦为 B 石油分公司住所地，与本案争议具有实际联系，且未违反级别管辖和专属管辖的规定，故应当视本案一审法院对本案具有管辖权。

三、启示体会

（一）合同严格把关，注重细节

在签订合同时要求相对方签字并盖章，双重保险，并加盖骑缝章，认真检查合同文本，杜绝合同文本不一致的情况，完善违约责任条款，在债权设立时，为保障债权能够实现，也可以要求债务人提供抵押物，尽可能从源头有效防范法律风险的发生，为公司依法合规经营保驾护航。

（二）密切关注案件进展，积极与专业法律人员联系

及时咨询专业法律人员，把握案件各阶段的重点和难点，对症下药，努力构建事前防范、事中控制、事后应对的全方位法律服务体系。

（三）谋划应对措施，推动问题解决

要紧跟投资政策变化，加强省市两级公司及各部门的协同配合，共同筹划解决方案，转换思路采取多渠道方式积极推进，促进问题的解决。

股东资格确认纠纷

股东纷争难决议　法律维权解难题

——高桥石化股东确权纠纷

【摘要】1993年2月，中国石化国际事业公司等九家公司共同设立中外合资企业上海国联有限公司。2002年，中国石化国际事业公司将所持10%的股份划拨给上海高桥石油化工公司，国联公司依法办理股东变更的工商登记。之后，上海高桥石油化工公司先后经历了两次体制机制改革，主体发生变更，但因国联公司相关股东之间存在矛盾，长期无法形成董事会决议，因此国联公司迟迟未就两次股东变更事宜完成工商变更手续。2022年10月，上海高桥石油化工有限公司对国联公司提起股东资格确认之诉。浦东新区人民法院受理该案，并于2023年1月31日作出一审判决，支持高桥石化全部诉讼请求。

一、基本案情

1993年2月3日，中国石化国际事业公司与上海市锦江（集团）联营公司、东方石油（上海）有限公司等九家公司合资设立了中外合资企业上海国联有限公司（原名为上海浦东国联工业储运有限公司，以下简称“国联公司”），中国石化国际事业公司持股10%。

2002年1月，中国石化国际事业公司将其全部出资额划拨给中国石化上海高桥石油化工公司（简称“高桥公司”），国联公司依法办理了工商变更登记。2006 年，根据集团公司深化改革工作需要，高桥公司进行了体制转换，取消法人实体，采取分公司形式，并将其全部资产一并归入中国石化集团资产经营管理有限公司（以下简称“资产管理公司”）。国联公司股东由高桥公司变更为资产管理公司。2016 年，中国石化上海高桥石油化工有限公司成立（简称“高桥石化”），资产管理公司作为股东将其所持有的国联股权作为出资注入新成立的高桥石化。国联股东由资产管理公司变更为高桥石化。因国联公司股东之间存在矛盾，长期无法形成董事会决议，上述两次股东变更，国联公司均无法办理工商变更登记。其间，高桥石化通过发送书面函件、口头催告等形式多次要求国联公司尽快完成股东工商变更登记均未果。为维护公司出资权益，2022 年 10 月，高桥石化对国联公司提起股东资格确认之诉。浦东新区法院受理了该案，并于 2023 年 1 月 31 日作出一审判决，支持高桥石化全部诉讼请求，判决高桥公司名下 10% 的国联公司股权属高桥石化所有，要求国联公司限期办理工商变更登记手续，签发出资证明书并将高桥石化的出资信息记载于股东名册。

二、法律分析

（一）相关法律分析

本案的争议焦点是高桥石化关于确认股权并办理工商变更登记的请求是否成立，即 2006 年、2016 年两次股权转让是否有效，是否均需要征得国联公司其他股东的同意。

第一，《企业国有资产法》第五十一条规定，“本法所称国有资产转让，是指依法将国家对企业的出资所形成的权益转移给其他单位或者个人的行为；按照国家规定无偿划转国有资产的除外。”由此可见，无偿划转国有资产被排除在国有资产的转让范畴之外，即不同于一般平等民事主体之间的股权转让交易行为。虽然国联公司章程中约定任何一方转让其出资额不论全部或部分，须经其他方同意，但本案中 2006 年、2016 年两次股权转让实质上均为国有资产的无偿划转，并非章程规定的股权转让。2006 年，案涉国联公司 10%的股权系以无偿划拨的方式纳入资产管理公司，而后 2016 年又作为股权出资注入高桥石化。从性质上来看，两次股权转让实质上属于国有资产的无偿划转，而国有资产无偿划转的本质是经过审批的资产行政性划转，有其特殊性。故国联公司章程约定的对股权出让的限制不应适用于以国有资产无偿划转的方式进行的股权转让的情况。因此案涉两次股权转让未违反国联公司章程的相关规定。

第二，两次股权转让事实上已经其他股东一致同意且合法有效。自 2006 年股东方变更以来，高桥石化（资产管理公司）所委派的董事均参加了国联公司的董事会议并作为股东方参与了利润分配，且在此过程中其他股东均未提出异议。此外，国联公司自 2014 年起在国家企业信用信息公示系统所公示的年度报告亦显示，其已确认了高桥石化（资产管理公司）的股东身份。根据《最高人民法院关于审理外商投资企业纠纷案件若干问题的规定（一）》（2020 年修正）第十一条的规定，“外商投资企业一方股东将股权全部或部分转让给股东之外的第三人，应当经其他股东一致同意，其他股东以未征得其同意为由请求撤销股权转让合同的，人民法院应予支持。具有以下情形之一的除外：（一）有证据证明其他股东已经同意；……”。鉴于本案中，高桥石化已经实际参与到了国联公司的经营决策和利益分配之中，其他股东对于两次股权转让事宜也均知情且未表示异议，因此，即便两次股权转让未经董事会全体成员签字同意，但股权转让已具有法律效力。

综上所述，高桥石化关于确认股权并办理工商变更登记的诉讼请求是合法成立的。

（二）法院判决

2023年1月31日，上海市浦东新区人民法院依照《中华人民共和国公司法》第三十一条、第三十二条规定，就该案作出一审判决：

（1）确认中国石化上海高桥石油化工公司名下被告上海国联有限公司10%的股权属原告中国石化上海高桥石油化工有限公司所有；

（2）被告上海国联有限公司于本判决生效之日起三十日内向原告中国石化上海高桥石油化工有限公司签发出资证明书并将原告中国石化上海高桥石油化工有限公司出资信息记载于股东名册；

（3）被告上海国联有限公司应于本判决生效之日起三十日内就上述第一项判决内容办理相应的变更登记手续。

三、启示体会

（一）对股权投资项目要加强前期论证及风险研判

在股权投资工作中要始终秉持“投资有风险、决策需谨慎”的理念，要严格执行集团和公司的各项规章制度，扎实有效地开展合法合规性论证，并按照内控规定办理报批手续。对于股东人数众多，公司持股比例较少的投资项目，其产生治理僵局和治理冲突的风险较大，更要做深做实前期尽职调查及论证工作，综合研判项目的可行性后，再做出投资决策。

（二）要通过股东协议、公司章程落实风险防控措施

股东协议及公司章程是保障合资合作项目顺利实施的法律基础。在参股投资项目中更要对股权结构及治理方式进行统筹安排，在股东协议及章程中做出明确规定，要防止因治理僵局、治理冲突、联合作弊等股

权管理问题的出现，对公司权益造成损害。要保障小股东的合法权利，约定退出方式，明确退出的相关条件和具体流程，全面防范可能发生的风险。

（三）要加强委派人员的管理

公司委派到合资企业任职的人员要维护好公司股东的合法权益。在合资企业重大事项形成议案前，委派人员应将有关事项上报公司，由公司组织开展专业审查并履行审批程序后，再由委派董事执行表决权。公司对委派人员应建立定期述职制度并应加强经营业绩考核，还要加强对委派人员任职前的培训，确保委派人员依法依规履职。

（四）要加强参股企业的运行监测和风险管控

要定期开展股东方审计，加强对参股企业的运行监测和风险管控。委派人员应及时掌握合资企业的生产运营情况，以日常工作汇报、年终述职等方式，向公司进行报告，有效保障股东的知情权、决策权。当出现影响参股企业可持续发展的重大风险或重大损失事件时，应及时通过召开董事会等方式，有效地采取风险防控及纠偏措施。同时，作为股东，公司还应定期结合企业发展战略、主营业务等，加强对参股企业的公司治理、盈利水平、分红能力、增值潜力、与主业关联度等综合分析，全面评估参股经营投资质量，并适时合理运用增持、减持或退出等方式，确保国有资产保值增值。

股权确认设阻挠　高效应诉推项目

——某销售石油分公司合资合作纠纷

【摘要】合资企业 L 公司系 G 石油公司与 K 公司共同设立。2021 年 10 月，C 公司以其拥有 L 公司 25%的股权为由，将 L、K、G 公司列为被告提起诉讼，要求确认其 25%的股权，同时，多方阻挠甚至采取过激手段阻止 L 公司和 G 石油公司开展加油站建设。G 石油公司积极牵头应诉，协调多方关系，制定合理的诉讼策略，最终赢得诉讼，顺利推动了加油站的建设投营，有效巩固了 G 石油公司地区成品油的经营市场。

一、基本案情

2020 年 5 月，为完善城市郊区中心镇成品油经营网络布局，G 石油公司与 K 公司共同出资 4000 万元设立合资企业 L 公司，借助 K 公司平台和资源优势推进 L 公司成品油网点指标、规划手续、施工手续办理。双方约定，G 石油公司股权占比为 51%，K 公司股权占比为 49%。2020 年 11 月，项目所在地经开区方家镇集体企业 C 公司分别致函 G 石油公司、K 公司，声称 K 公司所谓的平台和资源优势实为 C 公司所有，C 公司已跟进相关加油站项目多年，且 K 公司对此知情，而项目所在地与 C 公司也存在权属争议，故不同意 L 公司在目标地启动加油站项目。

C 公司同时发来经开区管委会出具的批复，载明目标土地已由经开区协议出让给 C 公司优先使用。

2021 年 3 月，L 公司取得目标地土地指标和加油站批建手续，随即启动场地施工，但遭到 C 公司人员数次阻挠甚至发生激烈冲突，加油站项目推进陷入停滞。2021 年 7 月，方家镇党委组织争议各方召开座谈会，提出将 L 公司股权分为 3 份，G 石油公司在 51%股权的基础上析出 5%，K 公司在 49%股权的基础上析出 20%，合计 25%作为 C 公司在 L 公司的股权。对此要求，G 石油公司、K 公司明确表示反对，但方家镇党委仍出具了会议纪要并送达争议各方。

2021 年 9 月，C 公司向法院提起诉讼，要求确认其拥有 L 公司 25%的股权，同时提交了经开区管委会协议出让土地批复、方家镇党委会议纪要、C 公司部分员工涉及目标土地上的权属证明、C 公司曾协助 K 公司取得土地指标的相关往来沟通记录等作为证据。

一审法院认为，现有证据能够证明 C 公司确有优先使用目标土地的权利，因土地存在部分历史遗留争议问题导致出让金未完全缴纳不影响 C 公司的优先权，且 C 公司对 K 公司推进该项目确有协助的事实，故一审基本支持了 C 公司主张。

一审判决作出后，G 石油公司、K 公司提起上诉。二审中，G 石油公司主张经开区管委会不具备土地出让的处置主体资格，也始终未取得上级政府或土地管理部门的授权批复；方家镇党委会议纪要超越事权范围且决议内容受到多方反对，不具有法律效力；C 公司对项目推进的协助作用事实需要另行查明且难以进行量化评估等。2022 年 5 月，二审法院裁定撤销一审法院判决，发回重审。

2022 年 8 月，一审法院另行组织合议庭审理本案，驳回了 C 公司主张拥有 L 公司 25%股权的诉讼请求，各方在上诉期内未提起上诉，案件终结。截至目前，L 公司加油站项目已建成投营，运营状况良好。

二、法律分析

本案的争议焦点：一是案涉土地处于农村，土地性质是否具备出让用于工业用地的条件。二是经开区管委会是否具备土地出让处置的权限。三是 C 公司的协助事实是否存在，成效如何认定。

（一）土地性质及是否具备出让条件

案涉土地属于方家镇斗山村原有废弃的集体养猪场、鞭炮厂地块，现为 C 公司经营业务堆料存放地，由于年代久远夹杂部分村民自行开发的养殖用地，属于农村集体经营性建设用地，具备土地出让条件。

（二）经开区管委会是否具备土地出让处置权限

现行法律规定，农村集体经营性建设用地可以进入城镇建设用地交易市场。此外，《土地管理法实施条例》《国有土地使用权出让和转让暂行条例》规定，县级以上人民政府土地主管部门是土地使用权出让的唯一合法主体。但为兼顾我国社会改革和市场经济发展实际，2005 年 8 月 1 日生效的《最高人民法院关于审理涉及国有土地使用权合同纠纷案件适用法律问题的解释》第二条规定，本解释实施前，开发区管理委员会作为出让方与受让方订立的土地使用权出让合同，起诉前经市、县人民政府自然资源主管部门追认的，可以认定合同有效，未取得追认的应当认定无效。

本案土地使用权在诉讼前未取得市、县人民政府自然资源主管部门追认，因此应当认定经开区管委会出让处置无效。

（三）C 公司的协助事实是否存在，成效如何认定

主要按照谁主张谁举证原则进行认定。对其成效难以量化的，可以

采取法律许可的其他方式，按照公平公正、诚实信用的原则进行补偿。结合本案查明的事实，C公司确实在前期就案涉土地的出让和项目推进付出了一定努力，但该付出难以量化评价，直接折算为25%的股份也不合理。结合一审、二审法院的调解建议，L公司最终采用项目建设和经营优先用工、油品销售一定期限优惠的方式对C公司进行了补偿。

三、启示体会

开展加油（气）站网络建设是支撑销售企业发展壮大，巩固经营市场的根基，投资建设往往涉及诸多方面，需要审慎推进。

（一）要做好目标项目的尽职调查和背景调查

在项目启动前，要借助企业内外专业财务、法律力量，做好合作商选择、合资公司设立、案涉土地权属、使用情况等多方面的尽职调查和背景了解，为企业管理层和投资部门提供精准信息，辅助科学合理决策，减少纠纷风险，推进项目顺利实施。

（二）要注重利用法律手段维护合法权益，高度重视并有效应对诉讼

企业领导应重视重大、重要案件的处理，建立重大案件集体办案督导机制，组织专业力量，调动各方关系，减少信息不对称情况的出现，科学合理制定有效诉讼方案和策略。通过积极参与庭审诉讼，维护企业合法权益。

（三）要展现央企责任担当，积极维护企地关系，营造良好营商环境

投资项目涉及的利益较大，往往牵涉项目所在地社会、经济环境等

方面，较为敏感。一些投资项目涉及历史遗留问题、涉及百姓民生、涉及社会稳定，要谨慎应对、妥善处置，要展现央企担当精神，在依法依规、权限允准的前提下，可以采用央企乡村振兴多种帮扶等灵活手段、妥当方式对应该获得相应利益的关联方进行补偿回馈，在履行社会责任的同时营造安定和谐的经营环境，促进企业高质量可持续发展。

隐名股东失权益　履行到位获胜诉

——某石油公司联营企业股权确认纠纷案

【摘要】C加油站公司股东登记为B公司持股100%，实际上A石油公司持有51%的股权并承包经营。2021年9月，B公司拟通过挂牌整体转让其C加油站公司的资产，A石油公司在沟通无果的情况下，向法院起诉B公司，请求确认A石油公司持有C加油站公司51%的权益，并变更登记在A石油公司名下。一审法院驳回A石油公司全部诉讼请求。二审中，A石油公司列举多年来和B公司签订承包49%权益的合同以及函件中承认A石油公司持有51%的股权事项，侧面证明《控股、参股加油站协议书》的效力并一直在履行，不存在履行不能的情况。最终二审法院撤销一审法院判决，确认A石油公司持有C加油站公司51%的股权。

一、基本案情

C加油站公司成立于1990年8月，由市经贸委批准设立，为B公司所属全民所有制企业。

2000年10月，A石油公司与B公司拟成立合资公司，双方签订《控股、参股加油站协议书》。按照协议约定，A石油公司出资321.30万元收购原加油站的部分资产，持股51%，合作期限为30年。另外，协议书第六条约定B公司负责到国土部门办理国有土地使用权证的共有人登记。签约后，因C加油站用地为国家划拨用地，双方对补缴土地出让金未能达成一致意见，双方未成立合资公司。C加油站为全民所有制企业，按当时的工商登记制度，全民所有制企业无法增加A石油公司的工商登记信息，A石油公司成为隐名股东。A石油公司完成出资后，继续沿用C加油站名义对外经营。

2021年4月29日，C加油站公司完成改制，由“全民所有制”变更为“有限责任公司”，工商登记显示B公司占股份100%，并未确定A石油公司股东身份。A石油公司两次发函要求其增加51%股权的工商登记，B公司表示因其总部对法人压减的要求，准备对C加油站公司的资产整体挂牌转让，故无法确认A石油公司股东身份。

为阻止B公司在诉讼期间将资产整体挂牌转让，A石油公司向法院申请查封加油站所在土地，同时起诉B公司，请求确认A石油公司持有C加油站公司51%的股权，并将股权登记在A石油公司名下，希望以诉讼促合作，维护合法权益。

2022年6月20日，法院做出一审判决，驳回A石油公司全部诉讼请求，一审法院认为：A石油公司与B公司签订的《控股、参股加油站协议书》是当事人自愿签订的，且未违反法律、行政法规禁止性规定，当属合法有效，双方均应遵照执行。但直到C加油站企业类型变更为有限公司前，双方约定的公司并未成立，属于合同履行不能，合同目的未能实现，应属于法定解除的情形，驳回A石油公司全部诉讼请求。A石油公司上诉，二审中，A石油公司列举多年来和B公司签订的承包49%权益的合同以及函件中承认A石油公司持有51%的股权事项，侧面证明《控股、参股加油站协议书》的效力并一直在履行，不存在履行不能的情况，最终二审法院撤销一审法院判决，确认A石油公司持有C加油站公司51%的股权。

二、法律分析

本案对A石油公司而言，案件难度大。双方签订的《控股、参股加油站协议书》，明确约定了双方成立新的联营体，A石油公司持有新联营体51%的股权。但新联营体一直未成立，A石油公司主张持有C加油站公司51%的权益有一定的难度，并且20多年也未成立新的联营体，可能导致合同无法履行而解除。此外，《控股、参股加油站协议书》未经地级市以上人民政府审批，也未报国务院有关部门审批以及加油站的价值双方未委托相关部门评估，客观上增加了合同无效的可能。

因此本案想要胜诉，A石油公司要从近20年来一直由其经营且B公司承认A石油公司持有51%股权的角度收集证据。

（一）《控股、参股加油站协议书》的效力

虽然B公司、C加油站公司在签订前述协议时系全民所有制企业，根据《中华人民共和国全民所有制工业企业法》的规定，全民所有制企业依法自主经营、自负盈亏、独立核算，对国家授予其经营管理的财产享有占有、使用和依法处分的权利。但是，一方面A石油公司、B公司签订《控股、参股加油站协议书》的意思表示真实；另一方面协议内容并不违反法律法规强制性规定，亦不违背公序良俗。因此《控股、参股加油站协议书》合法有效。

（二）《控股、参股加油站协议书》的性质

股权转让是指股东将持有的有限公司或股份公司全部或部分股权（股份）转让给他人，受让方支付对价的行为。本案中，首先，A石油公司主张的目标公司C加油站在双方签订《控股、参股加油站协议书》

时系全民所有制企业，并非有限责任公司或股份有限公司，客观上不存在股权转让的前提。其次，根据《控股、参股加油站协议书》的约定，双方各派人员对C加油站共同进行经营管理，并约定了合作期限，该约定与一般的股权转让不符。最后，在此后的经营过程中，双方一直以C加油站这一联营实体经营，B公司更是以租赁、承包等形式将其拥有的C加油站的经营权交由A石油公司经营管理。

基于上述情况，案涉《控股、参股加油站协议书》并不具备《公司法》意义上的股权转让，而是现已失效的《中华人民共和国民法通则》第五十一条、第五十二条规定的联营，联营体即为C加油站。

（三）《控股、参股加油站协议书》的履行

《控股、参股加油站协议书》系联营合同，双方在实际履行过程中并未成立新的联营体，而是继续以C加油站这一实体进行经营。联营合同约定的30年合同期限还未到，双方仍需按约定履行合同。联营合同已就C加油站作为联营经济实体的出资额、股份比例以及经营管理等事项进行了确认。另外，2000年至2021年的数份租赁合同、承包经营合同及往来函件中多次确认了A石油公司对C加油站的股东身份及持股比例，而B公司也未对A石油公司的投资问题提出异议。因此A石油公司持有C加油站51%的股权。

三、启示体会

（一）股权清晰性的重要性

存在隐名股东本就容易出现股权不违规决议损股权清晰、不透明的情况，不但会导致股东之间发生争议，还可能增加公司运营的不确定性。结合本案，因为全民所有制的法律限制，一直未进行股东变更，是

案件发生的主要原因。因此，在对外股东投资关系中要确保股权清晰，避免发生纠纷。

（二）合同安排的法律风险

合同安排得当可以有效地避免诉讼风险，即使发生诉讼，也会增加胜诉的概率。就本案而言，股权一直未变更，A 石油公司自始至终也未向 B 公司主张股权变更，确实增加了发生诉讼的风险。但因 A 石油公司一直经营，且往来合同以及函件中，都明确强调 A 石油公司持有 C 加油站 51%的股权权益，为后续的案件胜诉提供了重要证据。

违规决议损股权　理清证据促维权

——S 石油公司同张某等人的股权纠纷

【摘要】 A 公司为 2002 年由 S 石油公司的县域支公司（非控股股东）同自然人张某及其家人共同出资成立的合资公司。2005 年 9 月，张某组织 A 公司召开股东会，决定将注册资本由 50 万元增至 200 万元，约定由张某缴纳增资并完成工商登记，造成 S 石油公司股权比例被稀释；2011 年 9 月，S 石油公司组织召开 A 公司股东会决议，要求将注册资本减为原来的 50 万元，恢复原始股权比例，但张某拒绝，致使国有资产存在被蚕食风险。后 S 石油公司通过完善证据链，做实对方在股东会决议上不合规的操作，最终完成对 S 石油公司的股东身份的认定，保障了国有资产和股东权益。

一、基本案情

A 公司为 2002 年由 S 石油公司的县域支公司同自然人张某及其家人共同出资成立的合资公司，公司下辖 X 加油站，注册资本 50 万元，张某个人占股 45.6%，S 石油公司的县域支公司持股 40%，其余自然人共计占股 14.4%。X 加油站 2012 年之前一直由张某经营。2005 年 9 月，A 公司召开股东会，将注册资本由 50 万元增至 200 万元，由张某个人缴纳增资并完成工商登记；2011 年 9 月，在 S 石油公司的提议下，A 公司股东会决议将注册资本减为原来的 50 万元，撤回张某缴纳的增资，同时认定 S 石油公司为其县域支公司的权利继承人。但张某一直未履行工商变更，导致 S 石油公司股权占比同实际不符，股东权利行使受阻，S 石油公司于 2017 年 12 月以股权纠纷为由起诉。经一审、二审、再审、抗诉流程，S 石油公司最终获得胜诉。

二、法律分析

本案争议焦点有二：一是 S 石油公司的股东身份未做工商登记，其股东身份该如何认定；二是 2011 年 9 月 A 公司关于将注册资本减为 50 万元的股东会决议效力如何，是否因部分股东签字为代签且长时间未履行而无效。

（一）清晰证据链，厘清 S 石油公司股东身份问题

因 A 公司原始股东为 S 石油集团公司资产重组之前在当地的县域支公司，在 S 石油集团公司重组后，S 石油公司是实际的资产承继者。2011 年 A 公司关于县域支公司股权转让给 S 石油公司的股东会决议中，张某的妻子任某的签字实际为张某代签，任某作为股东的优先购买权被忽视，有限责任公司的人合性未得到充分保障，股权转让股东会决议认定无效，一审法院未能认可 S 石油公司的股东身份。

然而，S 石油集团公司的资产重组操作规范，证据链完整，能够对 S 石油公司的县域支公司资产流向做出清晰的证明，能够支持 S 石油公司就是其支公司的实际承继者；同时，在 S 石油公司提交法院的 2016 年、2017 年的 A 公司股东会决议中也明确记载了 S 石油公司实际履行了股东权利，且包括张某、任某在内的其他股东也对其股东身份未持异议甚至签字确认，该行为已足以证明 S 石油公司作为 A 公司的股东符合有限责任公司股东之间人合性原则。厘清证据链，保证对内有支撑 S

石油公司资产承继合法性的证据、对外有对方股东本质认同 S 石油公司作为股东的合法地位的证据，二审法院认定了 S 石油公司的承继股东身份。

（二）做实对方不合规行为，保证股东会决议效力

在 S 石油公司提交的证据、其他股东的证言，以及相关司法鉴定结论中，发现 A 公司 2011 年关于减资的股东会决议股东任某的签字实际为张某代签，本人也声称不知情，即使张某、任某为夫妻，但二人依然独立行使股东权力，因此，任某对减资决议的效力待定；同时公司减资事宜属于公司内部意思自治事项，在一审审理过程中，张某及其他自然人股东均表示不同意 A 公司减资 150 万元，已达成三分之二以上表决权股东对减资事项持否定意见，S 石油公司主张事项已不具备事实依据；退一步讲，即使 2011 年决议成立，该决议作出后各方股东实际也并没有按照该决议履行，直到 2017 年本案起诉依旧没有完成减资相应法定程序，基于此一审法院并未认可 2011 年股东会决议足以支持 S 石油公司所提出的减资诉请。

一旦无法认定 2011 年股东会决议中减资事项的效力，国有资产面临被稀释、被蚕食的风险。S 石油公司必须在二审中让法院认定 A 公司 2011 年股东会决议有效，以此对抗张某等自然人股东多年来对 S 石油公司股权的稀释、蚕食行为，恢复 S 石油公司第二大股东的地位。在这样的策略下，S 石油公司强调，一是依据《中华人民共和国公司法》第四十三条第二款之规定"股东会会议作出修改公司章程、增加或者减少注册资本的决议，以及公司合并、分离、解散或者变更公司行使的决议，必须经代表三分之二以上表决权的股东通过"，2011 年的股东会决议无论从资本还是股东人数来看均已超过三分之二，A 公司就应该按照决议办理减资变更登记，未及时办理已构成违约；二是在 2011 年股东

会决议作出后，到诉讼庭审前，无论是股东会决议、双方或多方的合同证据，均可证明A公司在实际运作中，已由S石油公司实际经营、供油、管理，张某及其他自然人股东仅领取分红；三是在A公司自身提交的证据资料，以及其他签字材料、合同证据、股东会决议证明中，张某有代理任某甚至其他自然人股东行使股东权利的惯例，结合张某、任某及其他自然人股东的“一家人”关系，张某的行为已构成对其他人尤其是任某的代理行为，该效力不应当成为对抗其他股东的抗辩理由。上述观点得到二审法院认可，并最终撤销一审判决，确认S石油公司股东身份，要求张某等配合履行减资义务。

最后，本案经一审、二审、再审、抗诉流程，以S石油公司胜诉，认可S石油公司的股东身份、认可注册资本减为50万元，审结本案。

三、启示体会

A公司的股权争议纠纷在一定程度上体现了S石油公司在股权投资企业管理上存在漏洞，但最后能依据良好的档案留存、正确的诉讼策略，使S石油公司的权利得到法律保障，为公司在股权投资企业管理上提供了很多经验。

（一）股权投资企业设立之初，应安排专门部门、专门岗位对其进行全程跟踪管理

A公司在设立初期，因是S石油公司下属县域支公司出资成立的合资公司，对其管理缺乏足够的重视，关键的股权变化、董监高成员变更、三会决议备案等事项未能及时得到政府行政审批部门的背书。因此，可以通过签订《运营管理办法》进一步明确各方股东的权利界限，将A公司的日常管理、进油渠道、公司经营收益等内容予以确定，减

少模糊空间，保证股东双方权利，同时及时将A公司重大变更提报政府有关部门完成备案，不可以“目前股东双方合作良好，不会产生利益分歧”等原因而盲目放弃权利主张。

（二）做好股权投资企业档案整理工作

本案能在诉讼过程中，从一审到二审转败为胜，其中良好的证据链条整理工作起到了至关重要的作用。因此，首先，要提高对股权基础管理工作的重视程度，大到三会、合同、意向书，小到微信、邮件、来往函告，均应保证存有纸质或电子档案，形成股权投资企业活页夹。其次，在与对方沟通交流中，涉及敏感内容的，建议以书面或文字形式固定保存，因对方的语言、习惯、商业思维定式，均可能成为今后发生冲突时能够利用的有效证据。

（三）做好股权投资企业风险识别，及时跟进主张权利

本案中S石油公司主张的A公司2011年股东会决议有效并要求法院予以强制执行的诉求，一旦张某及对方自然人股东在一审中提出诉讼时效超期，将对S石油公司产生较为不利的影响。而事实情况是张某及其他自然人股东在本案再审阶段提出了诉讼时效抗辩，只是因一审、二审期间未提出诉讼时效抗辩，再审法院不予理涉。这提示我们，应及时对诉讼中可能出现的问题予以分析、预设，做好风险管理，及时向相关方主张权利，保持诉讼时效不断，做好证据留存，对未来可能的纠纷提前布局。尤其是对于非绝对控股的参股企业，要积极通过小股东的权利保障公司运营，或通过签订经营管理协议，直接进行企业经营，掌握经营权，减少潜在风险。

联营手续不齐全　关系认定维权难

——加油站联营关系认定纠纷

【摘要】1994 年与 1996 年，A 炼化公司分别与 B、C 公司签订《联营协议》，收购 B 公司下属 b 加油站、C 公司下属 c 加油站各一半固定资产，以建造加油站时的基建决算报告为依据确定投资额度，联营双方各占 50%，加油站由联营方经营管理。之后，A 炼化公司办理了 b 加油站投资人的工商登记，c 加油站未办理。2008 年，按集团公司划转要求，A 炼化公司将两座加油站移交给 D 石油公司。联营方均不认可划转行为，拒绝与 D 石油公司合作，并提出双方不是联营关系，D 石油公司只得通过司法途径要求确认联营关系。最终法院判决双方在 b 加油站存在联营关系，当地仲裁委裁定双方在 c 加油站不存在联营关系。

一、基本案情

1994 年与 1996 年，A 炼化公司分别与 B、C 公司签订《联营协议》，收购 B 公司下属 b 加油站、C 公司下属 c 加油站各一半固定资产，以建造加油站时的基建决算报告为依据确定投资额度，联营双方各占 50%，加油站由联营方经营管理，A 炼化公司供油。工商登记方面，b 加油站是独立法人，A 炼化公司登记为其投资人；c 加油站登记为 C 公司的分支机构，A 炼化公司未登记为 C 公司股东。

2008 年，按集团公司划转要求，A 炼化公司向 D 石油公司移交上述两座加油站，联营方均不认可 D 石油公司投资人身份，以 D 石油公司无法按协议约定供应 A 炼化公司的某品牌油品为由拒绝继续联营。经多年协商，各方仍无法就继续联营达成一致。

2019 年，D 石油公司依《联营协议》的仲裁条款向当地仲裁委申请仲裁，要求确认 D 石油公司与 C 公司存在以 c 加油站为载体的联营关系。当地仲裁委裁定双方不存在联营关系，D 石油公司有权要求返还投资款及其利息。之后，D 石油公司向当地中级人民法院申请撤销仲裁裁决，当地中院驳回其请求。

2020 年，因工商登记的 A 炼化公司已注销，D 石油公司提起企业出资人权益确认之诉，要求确认 D 石油公司是 b 加油站的投资人，持有 50%的投资权益。案件经一审、二审程序，法院支持了 D 石油公司的诉请。

二、法律分析

（一）仲裁委为何裁定 c 加油站不存在联营关系

案发时适用的《民法通则》第五十一条规定，企业之间或者企业、事业单位之间联营，组成新的经济实体，独立承担民事责任、具备法人条件的，经主管机关核准登记，取得法人资格。

最高人民法院《关于审理联营合同纠纷若干问题的解答》第四条规定：“联营合同中的保底条款，通常是指联营一方虽向联营体投资，并参与共同经营，分享联营的盈利，但不承担联营的亏损责任，在联营体亏损时，仍要收回其出资和收取固定利润的条款。保底条款违背了联营活动中应当遵循的共负盈亏、共担风险的原则，损害了其他联营方和联营体的债权人的合法权益，因此，应当确认无效。”“企业法人、事业法人作为联营一方向联营体投资，但不参加共同经营，也不承担联营的风险责任，不论盈亏均按期收回本息，或者按期收取固定利润的，是明为联营，实为借贷，违反了有关金融法规，应当确认合同无效。除本金可以返还外，对出资方已经取得或者约定取得的利息应予收缴，对另一方则应处以相当于银行利息的罚款。”

仲裁委认为，A 炼化公司与 C 公司在 c 加油站的合作，其特征与联营不符，应认定为借贷关系。首先，A 炼化公司未办理工商登记，土地等资产仍登记在联营方名下。《联营协议》约定协议签订后一个月内办理完毕工商、财税、银行、房地产等有关登记手续，证明 A 炼化公司对联营应办理工商登记是明知的。其次，A 炼化公司将投资款汇入 C 公司，书面约定 C 公司出具还款担保。2000 年 C 公司为转制进行资产评估时，该投资款在账面上属长期负债应付款，而非 c 加油站投资款。再次，联营关系下双方应当风险共担、利润共享，虽然《联营协议》约定加油站利润“先税后分”，双方按出资比例分配，但无论加油站经营情况如何，A 炼化公司均每年收回固定分红，且从未参与加油站经营管理。最后，2007 年油品供应开放后，A 炼化公司无法再向 c 加油站提供计划油，双方再无往来，A 炼化公司未再主张分红。

仲裁委认定，从出资方式、分红、经营管理等角度看，双方合作实质上更像借贷关系。关键是本次合作具备办理工商登记、不动产登记的条件，A 炼化公司却未办理相关登记，认定联营关系缺少明确证据。

（二）法院为何判决 b 加油站存在联营关系

b 加油站的《联营协议》以及分红、供油、经营管理等情况与 c 加油站基本相同。甚至 b 加油站在 2008 年迁建，A 炼化公司未追加投资、未参与决策，迁建全由联营方负责。法院认为，b 加油站系由 A 炼化公司与 B 公司共同设立的法人型联营体，双方各占比 50%，b 加油站土地等亦登记在联营体名下。尽管双方主体或因注销（资产被承继）或因名称调整发生变更，但b加油站的工商登记信息至今未作变更，双方未对联营体的资产进行清算，故无法否认当初A炼化公司的投资事实及联营事实。至于B公司多次单方投入，应在资产清算时进行合理确认与分配。

三、启示体会

从b、c两座加油站基本相同的管理情况与截然不同的裁决结果不难看出，工商登记、不动产登记等手续在联营关系认定中的关键作用。已登记的联营项目，纵使经营管理中未全然体现联营合作风险共担的原则，法院亦难以否认联营关系的存在。

随着《公司法》逐步完善，联营这一合作形式已基本消失，但b、c加油站两起纠纷仍能带来启示。在合资、资产收购等项目中，须提前审查不动产能否过户，各方是不是适格主体；合同签订后，业务部门须及时履行、办理相关登记；法律部门须事前事后全流程跟踪，确保公司利益得到保护。

股权登记未落实　确权之诉终获胜

——加油站股东资格确认及变更公司登记纠纷

【摘要】 A公司与B公司共同投资设立E加油站，联营协议约定B公司占股48%。因历史原因，E加油站登记为A公司名下的全民所有制企业。E加油站改制为有限责任公司后，A公司作为工商登记的唯一股东，拒不认可B公司对E加油站享有股权。经诉讼，法院终审判决确认了登记于A公司名下的E加油站100%股权中的48%归B公司所有，并要求E加油站将该48%的股权办理到B公司名下，A公司予以协助。

一、基本案情

1997年，A公司下属单位C公司与B公司下属单位D公司签订合同，约定双方根据联合经营企业的有关法律、法规，共同兴建E加油站，双方持股比例为52%、48%，联营期限为十年，联营企业期满或提前终止，应依法进行清算。D公司按照约定进行了出资。同年11月，E加油站经工商机关批准设立，但登记的企业性质为C公司下属全民所有制企业，D公司作为企业实际出资人的身份在工商登记中并未得到体现。

由于各自发生体制改革，2007年，A公司与B公司签订合同书，确认双方分别承继E加油站原投资方C公司和D公司的股东身份和权益，A公司与B公司尽快按照52%、48%的股权比例将E加油站改制为有限责任公司，双方按照出资比例分享利润和分担风险及亏损，合作经营期限届满后E加油站依据《中华人民共和国公司法》的规定进行清算并注销，账面余额由双方按照在注册资本中所占的比例进行清算分配。但此后双方未完成改制，E加油站登记的企业性质仍然为A公司下属全民所有制企业。

2012年，A公司与B公司签订承包经营合同，确认E加油站为甲乙双方共同投资设立的加油站，由B公司承包E加油站的全部业务，每年向A公司支付承包经营费，承包期限为30年；A公司不再参与E加油站的日常经营、决策和管理。

2020年，A公司与B公司签订E加油站经营管理协议，确认双方同意将E加油站由全民所有制改制为有限责任公司，B公司必须全力配合A公司完成企业改制工作；E加油站改制完成后，双方按原始资本投入，确保保底以外的分配比例，另行签订合作协议。8月，E加油站完成改制，企业性质由全民所有制变更为有限责任公司，工商登记依然记载A公司为唯一股东。此后，B公司多次向A公司主张确认股东权益，A公司明确表示不认可B公司对E加油站享有股权。

2021年B公司起诉E加油站、第三人A公司，请求法院确认登记于A公司名下的E加油站48%的股权系B公司所有；判令将E加油站48%的股权变更登记至B公司名下，A公司配合办理相关变更登记手续。

2022年2月，法院一审判决支持了B公司的诉求。E加油站和A公司不服，提起上诉。2022年3月，二审法院最终判决驳回E加油站和A公司的上诉，维持原判。

因E加油站和A公司拒不履行生效判决，2022年4月，B公司向法院申请了强制执行。2022 年 6 月，E 加油站工商登记变更为 A 公司持股 52%、B 公司持股 48%。

二、法律分析

本案 E 加油站自成立之日起在工商登记中从未体现过 B 公司的任何投资权益。在企业改制时，第三方做出的产权界定专项审计报告也明确将 E 加油站的投资主体认定为 A 公司，确认 E 加油站全部投资权益归属 A 公司。在谈判协商和诉讼中，A 公司和 E 加油站拒绝认可 B 公司对加油站享有的投资权益和股东权利。B 公司则依据双方先后签订的多份协议的有关约定，主张 A 公司一直认可 B 公司对 E 加油站的投资权益，应协助将 B 公司享有的股权过户到其名下。本案的争议焦点是：登记在一方名下的全民所有制企业，其他联营方可否依据有关协议约定主张享有投资权益并要求将改制后的股权过户到本方名下。

（一）相关法律条文分析（2018 版《公司法》）

《公司法》第三十一条规定，有限责任公司成立后，应当向股东签发出资证明书。出资证明书应当载明下列事项：“（一）公司名称；（二）公司成立日期；（三）公司注册资本；（四）股东的姓名或者名称、缴纳的出资额和出资日期；（五）出资证明书的编号和核发日期。出资证明书由公司盖章。”

《公司法》第三十二条规定，有限责任公司应当置备股东名册，记载下列事项：“（一）股东的姓名或者名称及住所；（二）股东的出资额；（三）出资证明书编号。记载于股东名册的股东，可以依股东名册主张行使股东权利。”公司应当将股东的姓名或者名称向公司登记机关登记；登记事项发生变更的，应当办理变更登记。未经登记或者变更登记的，不得对抗第三人。

《最高人民法院关于适用〈中华人民共和国公司法〉若干问题的规定（三）》第二十三条规定，当事人依法履行出资义务或者依法继受取得股权后，公司未根据《公司法》第三十一条、第三十二条的规定签发出资证明书、记载于股东名册并办理公司登记机关登记，当事人请求公司履行上述义务的，人民法院应予支持。据此，B 公司可以以 E 加油站为被告提起诉讼，请求确认 B 公司在 E 加油站持有股权，并变更 E 加油站关于股东信息的工商登记。

《最高人民法院关于适用〈中华人民共和国公司法〉若干问题的规定（三）》第二十二条规定，当事人之间对股权归属发生争议，一方请求人民法院确认其享有股权的，应当证明以下事实之一："（一）已经依法向公司出资或者认缴出资，且不违反法律法规强制性规定；（二）已经受让或者以其他形式继受公司股权，且不违反法律法规强制性规定。"据此，B 公司诉讼时除需提供相关合作协议等证据外，还应提供实际履行出资义务方面的相关材料作为证据。

《最高人民法院关于适用〈中华人民共和国公司法〉若干问题的规定（三）》第二十一条规定，当事人向人民法院起诉请求确认其股东资格的，应当以公司为被告，与案件争议股权有利害关系的人作为第三人参加诉讼。据此，B 公司可以将 E 加油站登记股东即 A 公司列为第三人提起诉讼。

（二）法院判决结果分析

法院审理认为，A 公司及相关方通过协议的方式就 E 加油站的成立、出资及承包经营等事项进行确认，1997 年至 2020 年的数份协议中亦多次确认 B 公司持有 E 加油站 48%的出资比例；因 E 加油站原为全民所有制企业，无法通过工商登记的形式体现，现 E 加油站企业类型已变更为有限责任公司，故依法应支持 B 公司提出的关于确认股权和进行股权变更的全部诉讼请求。因此，在一审和二审中，B 公司的主张均得到法院的支持。

三、启示体会

（1）对于股权投资事宜，最好由合作双方共同办理有关企业登记手续，以防因合作方疏忽甚至是故意遗漏我方股权登记事项，造成股权权属登记不清晰、不准确，从而给公司利益埋下隐患。

（2）对于合作过程中双方的往来文件、沟通记录、协议等，应妥善收集保存原件。

（3）对于因客观原因确实无法办理我方股权登记的，要在经合作方确认的文件中对相关事实进行固定，明确我方对于合作企业的投资权益。

（4）对于合资企业的出资应做好财务凭证，避免采用代付代收资金、代开发票的方式，以便在发生争议时能对我方的出资情况进行有效证明。

（5）如果合资企业登记的企业性质为全民所有制、集体所有制等相关企业，应于企业改制同时主张权益，确认我方产权，发生争议要尽快起诉。

股东权益保护纠纷

股利归属成争议　有效解纷效果佳

——集团公司、财务公司作为第三人的公司盈余分配纠纷系列案件

【摘要】2015年，中国石油化工集团有限公司（以下简称集团公司）与中国石化财务有限责任公司（以下简称财务公司）将所持有的华泰保险集团股份有限公司（以下简称华泰保险）股权通过北京产权交易所公开挂牌转让给多家受让方，但受到监管审批进度的影响，2018—2019年，原银保监会才陆续正式批复股权转让事项。华泰保险以转让方与受让方就交易合同签订后至监管批复完成期间股利归属存在争议为由，未向任何一方实际派发案涉股利。各受让方遂以华泰保险为被告，集团公司和财务公司为第三人陆续发起四起诉讼，最终原告均获得胜诉，集团公司和财务公司在案件中未承担任何法律责任。

一、基本案情

2015年11月，集团公司与财务公司通过北京产权交易所公开挂牌转让华泰保险股份（标的公司），采用动态报价方式确定受让方。2015年12月23日，集团公司（转让方）与人福医药集团股份公司（以下简称人福医药，受让方一）、内蒙古君正能源化工集团股份有限公司（以下简称君正能源，受让方二）及内蒙古君正化工有限责任公司（以

下简称君正化工，受让方三）签订《产权交易合同》，约定集团公司将其持有的华泰保险 286 000 000 股转让给三受让方。同日，财务公司（转让方）与天风天睿投资股份有限公司（以下简称天风天睿，受让方四）、君正能源（受让方二）及君正化工（受让方三）签订《产权交易合同》，约定财务公司将其持有的华泰保险 275 000 000 股转让给三受让方。

集团公司与财务公司公开挂牌及签订相关产权交易合同后，各受让方按照合同约定履行了支付全部转让价款的义务。但因受到监管审批进度的影响，直至 2018—2019 年，受让股权事项才陆续获得原银保监会的批复，而后华泰保险才陆续完成股东名册的修改。在获得原银保监会批准前，《产权交易合同》尚未生效，受让方尚未成为华泰保险股东，考虑到监管审批结果存在一定的不确定性，集团公司和财务公司决定先收取分红。因此，在《产权交易合同》签订后至华泰保险完成股东名册的期间，转让方与受让方均多次向华泰保险发函要求支付现金分红及利息。

上述股利归属争议持续至 2020 年 8 月，集团公司收到北京产权交易所发来的《关于转发〈人福医药集团股份公司关于股权转让期间股利归属问题的征询函〉的函》。2020 年 9 月 16 日，集团公司向北京产权交易所作出《关于确认华泰保险公司股权转让期间损益归属的复函》，表明在案涉股份交易的同时，2015 年 11 月 17 日在北京产权交易所公开挂牌的华泰保险股权转让期间损益由受让方人福医药享有。随后，天风天睿亦对财务公司来函询问股利归属。

2020 年 9 月，人福医药将上述北交所相关函件转发给华泰保险，2020 年 10 月 23 日华泰保险表示收到上述函件，但分红及利息的情况需集团公司进一步明确。

2020年11月25日，财务公司根据集团公司对北京产权交易所的复函，对天风天睿复函，明确了股权转让期间的损益归属于受让方享有。因集团公司、财务公司与华泰保险之间并无交易合同，且彼时财务公司已不再是华泰保险公司的股东，因此上述复函并未向华泰保险直接发送。

2023年3月24日，君正化工和君正能源均向华泰保险公司发函，表明经2020年9月16日北京产权交易所的函件确认，股权转让期间损益由受让方享有，申请拨付股权转让过渡期的分红款项。但华泰保险回函表示要求各方就转让期间案涉股权归属形成书面一致意见，出于审慎考虑未将股利实际分配给任何一方。

2021年，人福医药以华泰保险为被告、集团公司为第三人；天风天睿以华泰保险为被告、财务公司为第三人，分别向北京西城法院提起诉讼，要求华泰保险赔偿其2015年至2017年股利及逾期损失。2023年，君正化工和君正能源以华泰保险为被告、集团公司和财务公司为第三人，分别向北京西城法院提起诉讼，要求华泰保险赔偿其2015年至2018年股利及逾期损失。

上述案件现已审理终结，四起案件中法院最后均支持了原告要求被告支付股利的诉讼请求，但在逾期利息的起算日上存在些许差别，集团公司与财务公司作为第三人在四起案件中均不承担任何责任。

二、法律分析

（一）关于本案适用法律的问题

根据《最高人民法院关于适用〈中华人民共和国民法典〉时间效力的若干规定》第一条第三款规定，《民法典》施行前的法律事实持续至《民法典》施行后的，该法律事实引起的民事纠纷案件，适用《民法典》的规定，但是法律、司法解释另有规定的除外。四起案件中，人福医药案件发生在《民法典》施行以前，涉案合同的成立及合同的履行亦在《民法典》施行前，应当适用当时的法律规定。其余三起案件系因民法典施行前的法律事实持续至民法典施行后引起的民事纠纷，因此应当适用民法典的规定。因人福医药案件所适用的《合同法》《民法总则》之相关规定与《民法典》之规定一致，本文仅以《民法典》之规定作出法律分析。

（二）争议焦点

本案的争议焦点主要有两个：一是各受让方是否有权主张案涉股利；二是各受让方是否有权要求华泰保险赔偿逾期支付股利损失。

1. 关于各受让方是否有权主张案涉股利问题

其一，法院明确了《产权交易合同》效力。本案中，各受让方与集团公司、财务公司签署《产权交易合同》，该合同不违反法律、行政法规的强制性规定，应认定为合法有效。

其二，法院明确了债权转让合法有效。《民法典》第一百二十五条规定，民事主体依法享有股权和其他投资性权利。《公司法》第四条规定，公司股东依法享有资产收益、参与重大决策和选择管理者等权利。案涉股权转让获得原银保监会批准后，华泰保险才完成股东名册的修改，故各受让方在登记于华泰保险股东名册前并未取得华泰保险的股东资格，其无权依据股东身份主张华泰保险向其分配股利。集团公司、财务公司仍然享有股利分配权请求权。

案涉股权转让合同签署后，华泰保险已经就股权转让期间股利分配召开股东大会并作出分配利润决议，股东即享有了具体的股利分配权请求权，该权利性质上与普通债权无异，故股东可以将公司利润分配决议已经确定分配的利润转让给他人，故集团公司、财务公司有权将该部分股利分配权请求权转让。受让人即使不是公司的股东，亦可以基于公司利润分配决议向公司主张分配利润。由于集团公司、财务公司均认可，有关股利损益已在股权转让对价中予以考虑，同意案涉股权转让期间的损益由受让方享有，故法院认为集团公司、财务公司与各受让方就债权转让达成了一致意见，最终各受让方主张案涉股利的诉讼请求获得了法院支持。

2. 各受让方是否有权要求华泰保险赔偿逾期支付股利损失的问题

《民法典》第五百四十七条第一款规定，债权人转让债权的，受让人取得与债权有关的从权利，但是该从权利专属于债权人自身的除外。集团公司、财务公司享有与股利分配权请求权有关的从权利，受让方可一并受让。本案中，华泰保险未及时支付股利侵犯了集团公司、财务公司的权益，应向集团公司、财务公司承担相应的赔偿责任，即集团公司、财务公司享有案涉股利分配权请求权的从权利。根据本案的情况，华泰保险多次与集团公司、财务公司和各受让方就案涉股利归属进行沟通，希望转让方与受让方就归属问题形成书面一致意见，但转让方与受让方之间实际已经通过不同形式就股利归属达成合意。考虑到此前围绕案涉股利归属存在诸多争议的实际情况，以及债务人在债权转让的情形下应当履行的审慎义务和协助义务，法院并未完全支持受让方要求华泰保险赔付全部逾期损失的诉讼请求，而是根据实际情况及华泰保险逾期支付所造成的损失，对逾期损失支付的起算点进行了酌定。法院判处华泰保险向人福医药支付逾期利息的起算日为华泰保险收到人福医药转发集团公司函件后回复人福医药之日；华泰保险向天风天睿支付逾期利息的起算日为华泰保险收到法院送达的财务公司提交的书面说明的次日；华泰保险向君正化工和君正能源支付逾期利息的起算日为其向华泰保险作出的函件中明确股权转让期间损益归属于受让方之日。

三、启示体会

（一）充分考虑合同履行过程中可能出现的因素和情况，尽量争取对合同条款予以明确

本案中，《产权交易合同》签订后至原银保监会审批完成存在较长期间差，超出预计情况，导致转让方与受让方对于该期间股利归属存在争议继而引发纠纷，因此，在交易过程中，应尽量明确合同条款。

（二）加强证据管理，妥善保存相关证据材料

除了交易相关的合同文本等业务资料，沟通过程中来往的信函、邮件等也属于证据范畴，形式包括但不限于物证、书证、证人证言、视听资料、电子数据等，都可能会对企业利益产生重大影响。本案中集团公司、财务公司有关函件、说明等证据材料，是案件判决以及避免集团公司、财务公司承担法律责任的重要依据。因此，在交易过程中，应审慎作出并妥善保管可能导致法律责任的各类数据、材料，并且对外提供时应履行法律审核和决策程序。

（三）认真研究积极应诉，有效防范法律风险

集团公司与财务公司虽然在本案中作为第三人，但高度重视法律风险把控，深入研究有关法律法规，全面梳理历史资料和证据材料，积极配合案件审理，充分说明有关情况，最终协助法院查清事实，避免集团公司、财务公司承担不必要法律责任或者引发其他涉诉风险。

境外合资生矛盾　股东行权应合规

——某境外合资公司股东纠纷

【摘要】2022 年 3 月，某境外合资公司小股东 B 公司向当地法院提起民事诉讼，要求法院对合资公司 C 公司进行司法检查。2023 年 5 月，法院作出一审判决，驳回 B 公司的主要诉讼请求，但支持对 C 公司运行中个别事项进行司法检查，随后双方均提出上诉。

一、基本案情

A 公司与境外企业 B 公司在境外成立了均股合资公司 C 公司，随后 C 公司与当地政府签署了天然气特许经营协议。C 公司运营后，因外部因素持续亏损，其间 B 公司将持有的 45%的股权转让给 A 公司，成为 C 公司持股 5%的小股东。股权转让后，A 公司主导 C 公司经营，并委派董事及高管。

2021 年 12 月，因 C 公司特许经营协议到期未能续签，为了继续参与当地市场经营，A 公司与当地另外一家企业合资成立了 D 公司，后 D 公司获得天然气特许经营授权。B 公司不满 C 公司未获得天然气特许经营授权续签，要求 C 公司起诉当地政府索要赔偿，A 公司拒绝，B 公司遂要求 A 公司对其多年累积的预期利润损失及利息进行赔偿，A 公司以缺乏法律和事实支撑为由未满足其要求。2022 年 5 月，B 公司认为 C

公司董事、高管履行职责不当，且未积极争取续签特许经营协议，侵害了其作为股东的利益，向法院起诉C公司及其高管、董事会成员。B公司的主要诉讼请求为：要求C公司向其提供历年来的与当地政府部门及第三方公司往来文件及会议记录、股东会记录等文件资料；由法院指定第三方对C公司进行账目检查；解除C公司董事、高管职务；判决C公司有权向董事及高管请求赔偿损失。

一审法院判决驳回了B公司的主要诉求，但支持了C公司向B公司补充提供部分公司经营相关资料、就个别事项进行账目检查的诉求，并将视账目检查结果决定是否解任C公司董事及高管。双方均提出上诉，目前案件处于二审阶段。

二、法律分析

案件争议焦点在于B公司查阅权是否受到侵害，以及C公司及高管是否积极履行忠实、勤勉义务，积极推动特许经营权续签。一审过程中，一是重点证明C公司为了争取特许经营协议续期所做的努力，证明特许经营权的授权由当地政府主导，而非C公司所能决定。二是由于受委托参与洽谈投资D公司的谈判人员以及委派至D公司的高管与委派至C公司的董事、高管存在重合，B公司主张相关人员存在损害C公司利益的嫌疑，庭审中重点厘清了相关人员在合作洽谈中的身份关系，证明投资D公司的行为与C公司丧失特许经营权没有关联关系。三是因C公司存在部分股东会、董事会的召开不规范，会议召集方式、参加人员未完全按照公司章程约定执行的问题，C公司做了重点澄清。四是双方就法定股东查阅权的范围进行了辩论。

三、启示体会

本案虽然发生在境外，但当地立法的价值取向与境内新《公司法》相近，都要求进一步强化对股东权利的保护和董事、监事、高管的忠实勤勉义务，因此案件对境内合资公司的运营具有借鉴意义。

（一）注意保障股东的查阅权、复制权

《公司法》明确规定了股东查阅、复制公司资料的权利，将于2024年7月1日实施的新《公司法》对股东的查阅权、复制权给予了更进一步的保护，增加了股东查阅、复制股东名册的权利和查阅会计凭证的权利，特别是增加“查阅会计凭证”权利，强化了对中小股东利益的保护，也对公司规范运作提出了更高的要求。同时，新《公司法》还改进了股东查阅权、复制权行使的方式。此前，股东主要通过要求公司提供纸质或电子文档进行查阅、复制，这种方式在很大程度上限制了股东获取信息的效率和专业性。新《公司法》允许股东委托第三方中介机构如会计师事务所、律师事务所等进行查阅、复制，这无疑增强了股东行使查阅权、复制权的专业性和针对性。此外，根据新《公司法》的规定，股东还可以要求查阅、复制公司全资子公司的上述相关材料。

基于上述原因，不同的合资公司需要区别管理：对于我方处于控股地位的合资公司，我方有义务促使合资公司规范运作，并在其他股东提出要求的情况下配合其行使股东查阅权、复制权；对于我方参股的合资公司，作为中小股东，在必要的情况下，我方可以依法行使股东查阅权、复制权，维护我方利益。

（二）规范召开股东会、董事会

股东会、董事会是股东参与公司治理的重要载体和机制，《公司

法》规定了股东会、董事会召集、召开的程序。实践中，很多公司存在股东会、董事会运作不规范的情况，例如未按章程约定的时限和方式进行通知；授权委托文件不完整；表决文件签署不规范；股东会、董事会超越决策权限表决；等等，导致股东发生争议。因此，管理合资公司，一方面要及时修订、完善公司章程，就相关事项进行明确约定；另一方面要严格按照法律规定和公司章程的约定，合理安排股东会、董事会的召开频次，严格遵循通知、表决程序，在决策权限内表决，确保股东会、董事会运作合法合规。

（三）董事、高管应注意适当履职

《公司法》规定，公司的董事、高级管理人员对公司负有忠实义务和勤勉义务。新《公司法》对忠实义务和勤勉义务作出了进一步解释和规范，确认所谓忠实义务是避免利益冲突和谋取不正当利益，勤勉义务则是为公司最大利益尽到通常应有的合理注意。依照法律规定，董事、监事、高级管理人员执行职务违反法律、行政法规或者公司章程的规定，给公司造成损失的，应当承担赔偿责任。因董事、监事、高级管理人员通常由股东委派或推荐，董事、监事、高级管理人员的不适当履职行为还可能引发控股股东、实际控制人承担连带责任。因此，在合资公司管理中，要特别注意确保董事、监事、高级管理人员严格遵守法律、行政法规和公司章程履职。

（四）股东在与第三方开展相关业务时应注意避免违反排他合作等义务

商业合作中，在特定场景下，为实现缔约目的，通常合作双方会签订“排他性”条款（即限制合作方与第三方合作的条款）、保密条款、竞争限制或非竞争条款。根据法律的规定，除非此类条款构成《反垄断法》规定的垄断行为以及合同法项下的“非法垄断技术、妨碍技术进步”，一般是有效的。建议我方在与合资合作方签署、履行相关协议时重点关注相关协议是否有上述内容，在自身或与第三方开展同类业务之前，要进行相关事项的风险评估，以免触发违约风险。

依法维权经波折　以诉促谈解纠纷

——某石油公司股东知情权及合同纠纷

【摘要】2004 年，A 石油公司与 B 公司出资成立 C 公司并签订相关协议，但 B 公司未按约定办理油气站产权过户等手续。其间 D 公司收购了 B 公司 100%股权，实际控制 C 公司并不再从 A 石油公司采购油品。双方股东始终无法形成一致意见，导致 C 公司股东会、董事会、监事会无法召开，无法改选董监高人员，A 石油公司长期无法了解公司实际经营管理情况。2021 年起，A 石油公司启动股东知情权诉讼、合同诉讼，最终于 2023 年取得终审胜诉判决，判决支持了 A 石油公司在合同效力、供油权、油气站产权办理等方面的诉讼请求。诉讼期间，A 石油公司以诉促谈，顺利改选 C 公司董监高人员。

一、基本案情

2004 年，A 石油公司出资 490 万元，B 公司出资 510 万元，按照股比 49∶51 成立 C 公司，旨在共同经营油气站业务。同时双方约定，A 石油公司再向 B 公司支付 7448 万元购买 B 公司 9 对 18 座油气站的 49%产权和经营权，B 公司承诺将上述油气站产权变更至 C 公司名下。A 石油公司按约支付 3724 万元后，B 公司违反合同义务，未按约办理油气站产权变更手续，A 石油公司自此未支付剩余款项。此后，D 公司通过收购B公司及其母公司100%股权，实际控制C公司，导致A石油公司无法参与C公司决策。更为严重的是，C公司在D公司的控制下，使用A石油公司商标标识及字号但私自采购劣质油品，被监管部门查处。由于双方股东无法形成一致意见，C公司股东会、董事会、监事会长达12年无法顺利召开。其间，A石油公司因委派人员辞职，无法继续履职，多次发函要求对董事会、监事会成员进行改选，C公司不予配合，A石油公司自此无法了解C公司实际经营管理情况。C公司成立后，仅2010年对C公司利润进行分配，2011年至2023年均未再进行利润分配。

股东双方成立C公司旨在共同经营油气站业务。然而，合作过程中出现了诸多波折。面对上述一系列问题，A石油公司分阶段制定诉讼策略：

第一阶段由A石油公司为原告，以股东知情权为由，将C公司列为被告，要求C公司配合A石油公司履行股东知情权，配合查阅、复制相关财务资料、股东会会议记录、董事会及监事会决议，该案一审A石油公司胜诉，C公司未上诉。胜诉后，A石油公司委派财务、法律、经营等人员前往C公司查阅复制了相关材料，为后续诉讼提供了证据基础。

第二阶段由A石油公司为原告，以合同纠纷为由，将B公司列为被告，将C公司列为第三人提起诉讼，要求B公司：①继续履行《合同书》《协议书》；②完成油气站产权办理；③要求B公司促使C公司立即按原协议约定采购全部油品，接受A石油公司统一配置，不得自行采购其他油品资源；④返还瑕疵履行部分的合同价款及赔偿A石油公司2011年至今供油权损失；⑤支付违约金。2023年2月，一审法院作出判决，支持了A石油公司在合同效力、供油权、油气站产权办理等方面的诉讼请求，合同诉讼主要目标基本实现，但判决未支持A石油公司主张的2011年至今供油权损失、返还加气站价款的诉讼请求。为全面主张公司权利，A石油公司提起上诉。2023年10月，法院二审判决驳回上诉，维持原判。

案件审理期间，A石油公司以诉促谈，最终成功召开股东会、董事会、监事会。顺利委派董事2名、监事1名、总经理1名。同时，2022年，在C公司章程其他内容不变的基础上，形成章程修正案，增加了党建管理的内容，公司管理和法人治理进一步规范。

该纠纷自2011年产生，历时12年。经过一审、二审的诉讼历程，最终实现了合同诉讼主要目标的胜诉结果。

二、法律分析

（一）股东知情权法律关系

1. 本案请求权基础为《公司法》第三十三条

《公司法》第三十三条："股东有权查阅、复制公司章程、股东会会议记录、董事会会议决议、监事会会议决议和财务会计报告。股东可以要求查阅公司会计账簿。股东要求查阅公司会计账簿的，应当向公司提出书面请求，说明目的。公司有合理根据认为股东查阅会计账簿有不正当目的，可能损害公司合法利益的，可以拒绝提供查阅，并应当自股东提出书面请求之日起十五日内书面答复股东并说明理由。公司拒绝提供查阅的，股东可以请求人民法院要求公司提供查阅。"

该条款规定了股东知情权，股东查阅公司会计账簿等资料需满足积极和消极两个条件，积极条件为股东提出书面请求并说明目的，消极条件为不得损害公司利益。

积极条件的举证责任在于股东，而消极条件的举证责任在于公司。A石油公司作为C公司的股东，有权查阅、复制公司章程、股东会会议记录、董事会会议记录、监事会会议决议和财务会计报告。而对于C公司会计账簿，A石油公司只能查阅，且应先向C公司提出“书面请求”并说明目的。

A石油公司于2020年9月17日通过EMS邮寄《关于配合查阅及复制公司治理文件和财务资料的敦促函》，C公司于9月22日签收，但一直未予以回复。据此，A石油公司在诉讼中主张已履行发函前置程序。

2. 诉讼潜在风险分析

一是A石油公司可以争取查阅原始会计凭证，但是该主张存在不确定性。因会计账簿是根据会计原始凭证制作，如只允许股东查阅会计账簿而不能查阅原始凭证，股东无法将会计账簿与最真实的原始凭证相对比，就难以实现其查阅会计账簿的目的，故股东有权查阅原始凭证。实践中，部分法院在个别案件中会支持此类请求。

二是C公司可能会通过各种方式拖延诉讼程序。例如，提出管辖权异议并上诉，可能拖延时间较长。因此，即便提起诉讼，可能也难以在短期内实现A石油公司查账的目的，难以对C公司治理问题的解决形成直接帮助。

三是C公司可能拒绝配合执行或者制造执行困难。由于查阅会计账簿等公司档案资料，需要公司的配合，即便是法院支持了A石油公司的诉讼请求，如果C公司坚持不配合查阅会计账簿，则会产生执行困难，进一步延缓A石油公司诉讼目的的实现。

3. 风险应对措施

一是虽然2018年版《公司法》未明确规定股东可查阅财务凭证，

但实践中部分法院判例已支持了股东查阅公司会计凭证、会计账簿的权利。将施行的新《公司法》第五十七条也对此股东权利予以了明确。

二是为避免C公司恶意拖延诉讼程序，A石油公司研究并制定了完善的诉讼策略，并在庭前与法院进行了充分沟通，确保各项法律程序按最短时间进行。

三是为确保法院判决得到顺利执行，A石油公司在判决生效后第一时间向C公司寄送敦促函并留存证据，敦促C公司配合履行法院判决。

最终C公司履行了一审判决，A石油公司则充分行使了股东知情权。

（二）合同法律关系

1. 本案请求权基础为《合同书》《协议书》

以解决产权和供油权问题为核心，同时主张违约金。《合同书》《协议书》中约定办理产权登记的义务及对方的违约行为均较为明确，诉讼结构和主张路径较为简单。C公司成立后，B公司一直怠于办理油气站的产权手续，2004年至今油气站产权手续的办理没有任何实质性进展，违约事实较为清楚。

2. 诉讼过程中的潜在风险分析

部分油气站的产权并未在B公司名下，诉讼请求能否被支持的不确定性较大，产权的办理最终取决于行政机关的态度，如果产权被办理至B公司的母公司名下或油气站被拆除，A石油公司对产权的主张将更加困难甚至落空。

油气站部分正常投运的利润由C公司所有，并不直接归属于A石油公司，证明油气站产权落空与A石油公司可得利益的损失之间存在因果关系具有一定的困难。

3. 风险应对措施

一是对于可变更至 C 公司名下的部分油气站产权，按照合同约定，A 石油公司请求“判令 B 公司立即将案涉油气站产权办理至 C 公司名下”，B 公司则主张，油气站产权办理存在行政限制（地区国土资源部门要求暂停办理案涉油气站手续），不应判令 B 公司履行该义务。针对 B 公司主张，A 石油公司多次考察案涉油气站，拍摄了油气站正常经营照片、视频证据材料，充分说明油气站经营正常。同时，否认“行政限制”的存在，并要求 B 公司履行办理产权手续的合同义务。法院最终认定，案涉油气站具备继续办理产权手续条件，但考虑到案涉油气站尚未办理产权登记手续，判令 B 公司在产权登记手续办理完毕一个月内将案涉油气站产权办理至 C 公司名下。

二是本案中，因 A 石油公司提供了《合同书》《协议书》，明确了享有供油权，但涉及供油权损失，未能收集相关证据，同时法院认定，供油权损失的具体金额难以测算，且各方对于运杂费存在分歧的情况下，现有证据无法证明该行为应单独归责于 B 公司的恶意违约。因此法院对 A 石油公司主张供油权的诉讼请求给予认可，对 A 石油公司主张供油权损失的诉讼请求不予认可。

三、启示体会

涉及不同股东、不同利益诉求和大型企业并购的背景时，合作初期，双方可能都抱有美好的愿景和期待，但随着时间推移和外部环境变化，合作中的问题和矛盾逐渐显现。股东之间的分歧、合同履行的不力等因素介入，都会使得原本的合作变得复杂和困难。这也提醒企业在商业合作中不仅要关注眼前的利益，更要有长远的眼光和战略规划，以应对可能出现的风险和不确定性。

（一）提升合同管理和法律风险防范能力

在合作初期，各方应对合同条款进行充分的讨论和明确，确保合同内容清晰、具体、可执行，强化合同拟定、签订、履行全过程管理。

（二）优化健全公司治理结构，提高决策效率和透明度

公司治理结构是保障公司正常运营和股东权益的重要机制。双方应该建立健全公司治理结构，确保董事会、监事会等机构的正常运作，保障股东的知情权和参与权。

（三）强化合规管理，建立风险预警和应对机制

合规经营是企业稳健发展的基础，在商业合作中，风险是不可避免的。双方应该强化合规及风险意识，对可能出现的风险要进行充分的预测和评估。同时，要制定应对策略，确保在风险发生时能够及时有效地应对。

越权签约引诉讼　多元化解终破局

——加油站担保、借款、买卖合同纠纷

【摘要】A 石油公司 H 加油站他方股东 C 公司法定代表人 Z 某伪造加油站公章对外担保、借款、交易，导致加油站涉诉 12 起，全系列案件涉案金额超过 4000 万元。历经 9 年曲折艰辛的诉讼历程，系列案件于 2024 年 1 月办理终结，主要案件获胜诉结果。

一、基本案情

（一）与合资公司担保有关的纠纷

系列案件中与公司担保有关的纠纷 10 起：K 小贷公司系列纠纷 2 起，Z 担保公司系列纠纷 3 起，T 小贷公司系列纠纷 4 起，G 小贷公司相关纠纷 1 起。基本案情均为 Z 某持其伪造的 H 加油站公章，与案涉贷款公司、担保公司签订担保协议，约定 H 加油站为债务人对贷款公司、担保公司的债务承担保证责任。后债务人不向债权人履行债务，债权人起诉加油站承担担保责任。

该系列纠纷一审 H 加油站均败诉。2019 年 11 月《全国法院民商事审判工作会议纪要》（以下简称《九民纪要》）发布前，加油站二审也均败诉，被认定需要对案涉债务承连带担保责任。二审判决生效后，债权人申请强制执行，H 加油站面临被拍卖的风险。

考虑到H加油站一旦被拍卖，A石油公司将丢失零售网点，同时因涉案金额较大，A石油公司也无法分到H加油站的拍卖钱款，对A石油公司来说风险很大。A石油公司及时调整应诉策略，牵头组织H加油站与债权人谈判，以低于法院判决需要H加油站承担责任的金额，与债权人进行和解，由H加油站先行向债权人支付和解金，并保留H加油站提起再审的权利，从而使法院解除对H加油站的强制执行措施，保住加油站经营权。和解协议签订履行后，A石油公司掌握了H加油站的全部经营权，加油站全部油品由A石油公司按照国家发展改革委对成品油价格要求供应。同时，A石油公司继续推进案件的未结二审、再审，抓住《九民纪要》中对H加油站有利的部分积极应诉，H加油站在未结二审、再审中均获胜诉结果，后对前期已支付和解金申请执行回转。以上合计避免损失1897.88万元。

（二）借款合同与买卖合同纠纷

系列案件中的一起借款合同纠纷和一起买卖合同纠纷基本案情为Z某持其伪造的H加油站公章，以H加油站名义与自然人N某签订借款协议，向其借款，Z某个人收取借款；与自然人G某签订买卖合同，约定H加油站向其出售成品油，Z某个人收取油款。收到上述款项后Z某潜逃，借款合同和买卖合同的相对人起诉H加油站，要求返还借款、归还购油款。两案件中法院均认定案涉合同对H加油站具有法律效力，H加油站需要承担还款责任。

二、法律分析

该系列案件的争议焦点归于案涉担保合同、借款合同、买卖合同对H加油站是否发生法律效力。

（一）关于担保合同对加油站是否发生法律效力

法院在本案中认定担保合同对加油站不发生法律效力。

《中华人民共和国公司法》（以下简称《公司法》）第十六条第一款规定，公司向其他企业投资或者为他人提供担保，依照公司章程的规定，由董事会或者股东会、股东大会决议；公司章程对投资或者担保的总额及单项投资或者担保的数额有限额规定的，不得超过规定的限额。

虽然《公司法》规定公司对外担保需要依照公司章程的规定由董事会或者股东会、股东大会决议，但该系列案件的审理实践证明，《九民纪要》出台前，司法机关倾向于认为债权人对通过担保事项的董事会或者股东会、股东大会决议没有审查义务，债权人是否审查相关决议对担保合同效力没有影响。

《九民纪要》第十七条至第十九条提出：担保行为并不是法定代表人所能单独决定的事项，必须以公司股东（大）会、董事会等公司机关的决议作为授权的基础和来源，担保合同是否有效要根据签订合同时债权人是否为善意来确定，如为善意，则合同有效；反之，合同无效。对于公司为非公司股东或实际控制人提供担保的，债权人证明在签订合同时对董事会决议或者股东（大）会决议进行了形式审查，则可被认定为善意的债权人。

《九民纪要》发布后，法院认为在本系列案件中，小贷公司、担保公司作为专业的贷款机构、担保机构，理应知晓在接受 H 加油站为他人提供担保时应要求其提供同意担保事宜的董事会或者股东会决议，却未要求 H 加油站提供相关决议文件，未尽到谨慎审查义务，存在过错，不能认定为善意。故案涉担保合同对 H 加油站不发生法律效力，H 加油站不应当承担担保责任。

（二）关于借款合同、买卖合同对加油站是否发生法律效力

关于借款合同纠纷、买卖合同纠纷两起案件的审理，法院最终均认定案涉借款合同、买卖合同对加油站发生法律效力。

法院认为：首先，案涉合同上出现的公章曾经出现在 H 加油站的一份工商内档材料中，对外具有公示效力，不可对抗善意第三人。其次，Z 某作为加油站的董事、加油站股东的法定代表人，且持有加油站公章，足以使借款合同、买卖合同的相对方相信 Z 某有权代表 H 加油站订立买卖合同。对于公司对外签订借款合同、买卖合同，至今并没有相关规定要求合同相对人审核公司签订相关合同的股东会或者董事会决议，因此该两起案件最终未能翻案，加油站需依照法院判决承担责任。

三、启示体会

（一）加强前期尽调谈判，强化事前审核

在公司拟与合作方开展合资合作之前从法律、财务等多角度对合作方及其实际控制人进行尽职调查，加强对合作方及其实际控制人的背景调查，重视合资合作谈判，选择资信良好的合作方。

（二）落实印鉴管理制度，规范印章管理

规范合资公司设立、经营期间的印章管理。在印章管理制度中明确不同运行阶段、不同类型的合资公司公章保管、使用流程，并落实制度执行。确保各类印章由各单位指定专人妥善保管，严格用印审批手续。按照“谁签字、谁负责，谁管章、谁负责”的原则，明确印章管理责任。对于对方控制的参股合资企业，应督促合资公司建立公章管理规定，明确用印审批流程。此外，发现出现一个主体有多枚公章情形时，责任人应及时向公司报告，采取补救措施，尽可能减少损失和负面影响。对于对外出具文件上加盖的公章，经办人、审批人应加强比对与审核。

（三）明确股东权利义务，规范股东行为

规范合资协议和章程。对于对外担保、出资比例设计、表决权、分红、高管组成等重要事项，要最大程度地确保我方权益，规范对方股东行为。完善合资企业“三会”议事规则，制定董监事、委派人员履职工作清单、决策权限清单，充分参与合资公司的经营和管理事项决策。委派人员应及时反馈合资企业的相关信息，监督合资企业的经营决策事项依据公司章程、议事规则履行决策程序。

（四）适时调整应诉策略，制定妥善方案

及时跟进法律纠纷进展，客观分析、评估影响，务实选择应对方式和策略，妥善拟定处置方案。本系列案件处理过程中，H加油站因无法履行生效判决义务，一度面临被法院司法拍卖的风险。A石油公司及时识别出相关风险，调整应诉策略，组织H加油站与债权人进行和解并主张保留再审权利，牵头和解谈判，保住了H加油站的经营权，降低了H加油站需要支付的金额，保障了A石油公司作为H加油站无过错股东的利益不受案件牵连，避免了A石油公司损失。

（五）坚持不懈主张权益，避免公司损失

在处理法律纠纷过程中，公司应当结合对案件情况的分析，充分行使法律赋予的上诉及提起再审的权利，制定合理的应诉策略，维护公司的合法权益。H加油站系列案件审理历经9年，诉讼过程一波三折，这期间Z某潜逃国外，多个当事人注销，多份不利终审判决生效，即使在此种情况下，A石油公司始终坚持主张自身权益，不放弃诉讼权利，最终坚持到《九民纪要》发布对案件较为有利的时机，推动案件进展，争取到担保纠纷的再审胜诉判决，并申请将前期依照和解协议支付的金额执行回转，较大程度上避免了公司利益受损。

联营纠纷需知情　约定优先是关键

——D 公司与 C 加油站知情权纠纷

【摘要】A 公司与 B 供销社于 1993 年签订联营协议，约定共同联营 C 加油站，投资比例均为 50%，加油站暂由 B 供销社经营管理。后 A 公司因改制，联营方资格由 D 公司承继。因 B 供销社一直阻碍 D 公司参与经营，双方发生纠纷，D 公司多年来也一直无法了解 C 加油站的经营情况。为维护自身权益，D 公司提起联营方的知情权纠纷，经一审、二审判决胜诉，并经执行程序，D 公司对 C 加油站的财务资料进行了查阅和审计。

一、基本案情

A 公司与 B 供销社于 1993 年签订联营协议，约定共同联营 C 加油站，投资比例均为 50%，联营性质为法人型联营企业，协议约定 C 加油站暂由 B 供销社经营管理，但 A 公司有权对 C 加油站的经营状况进行监督、检查，B 供销社应向 A 公司报送会计报表和财务情况说明书。随后，C 加油站完成了工商登记。后因企业合并重组等结构调整，A 公司的主体资格由 D 公司承继，并于 2015 年完成了工商变更登记，成为 C 加油站的联营一方。2008 年起，C 加油站、B 供销社怠于向 D 公司提供企业经营、财务资料，沟通无果，D 公司曾向 C 加油站、B 供销社发函要求其提供经营、财务等资料。C 加油站、B 供销社均未履行。

D 公司最终向法院提起知情权之诉，要求判令 C 加油站、B 供销社提供加油站 2008 年 1 月至 2021 年 12 月 31 日的会计财务报告、会计账簿（包含总账、明细账、日记账、其他辅助性账簿）、会计凭证（包括记账凭证、原始凭证及作为原始凭证附件入账备查的相关资料）等所有财务资料，供 D 公司查阅、复制；要求法院判令 C 加油站及 B 供销社向 D 公司提供加油站现有使用的不动产权属登记情况的全部资料。后经一审、二审审理，法院支持了 D 公司的查阅、复制财务会计报告，以及 D 公司提出的其他诉请资料的查阅请求。

二、法律分析

本案的核心问题和难点在于，案涉联营企业是否能适用《公司法》的相关规定，是否适用股东知情权相关法律规定。联营企业属历史遗留问题，历史跨度大、联营各方内部机构和人员变动多等，故大量事实有赖于原始的档案记载。同时，联营企业是我国市场经济发展过程中的历史阶段性产物，与其相关的法律规定较少，且相关的法律规定亦经多次修订，故本案涉及的法律适用问题系办案过程中重点关注和需要解决的问题。

（一）关于本案案由的确定

因本案对手方为当地供销社系统，故在立案时当地法院审查亦非常慎重。鉴于 D 公司诉请知情权的主体对象为联营企业，故在最初以《公司法》中的“知情权纠纷”主张立案时，一审法院曾质疑并暂不予通过审核，并且对于 D 公司提出的修改“联营协议纠纷”亦认为与知情权关系相差过大而继续暂停审核。就该问题，D 公司代理人员在查阅案由说明及案例检索后，与法院沟通法人型联营企业的相关纠纷，因可适用的法律规定少，目前其他多个案例均以“与企业有关的纠纷”的大案由来作为案件的案由，即解决单纯合同纠纷无法反映与企业知情权相关的问题，解决本案的知情权不完全等同于公司法中股东知情权纠纷的问题。在与法院沟通并提交相关案例后，最终法院以“与企业有关的纠纷”作为本案案由成功立案。案由的确定和案件的成功受理，解决了D公司起诉前较为担心和关注的诉讼方式和立案难的问题。

（二）关于本案的法律适用

本案所涉的企业主体为联营加油站，属法人型联营，而关于法人型联营的法律规定仅有原《民法通则》的第五十一条：“企业之间或者企业、事业单位之间联营，组成新的经济实体，独立承担民事责任、具备法人条件的，经主管机关核准登记，取得法人资格。”因该条规定之简单，在实践中难以作为司法裁判应对各类复杂情况的依据，故历来司法实践均明确，法人型联营的各方权利义务仍应以联营协议及联营企业章程为准。

此外，因法人型联营已具备有限责任公司的初步雏形，故无论理论界还是实务界均认为在处理法人型联营企业所涉纠纷时，如联营协议和企业章程无明确规定的，可以参照《公司法》的规定执行。

基于以上的法律规定和司法实践惯例，D公司在诉讼时向法院提交了C加油站的《联营协议》及《章程》，证明《联营协议》及《章程》中均明确D公司一方对C加油站的经营状况进行监督、检查，C加油站亦应当报送会计报表和财务情况说明书。故D公司为达到监督、检查的目的，当然有权查阅和复制相关的诉请材料。同时，参照《公司法》关于股东知情权的规定，作为C加油站的投资人应当有权主张知情权，否则有违法律和市场的基本逻辑。

鉴于案件所涉主体为法人型联营企业，故在《联营协议》和《章程》有明确约定时，则相关约定的知情权范围和效力应当优于《公司法》关于股东知情权的一般规定，这与目前《公司法》允许公司章程设定更大范围的知情权的原则是一致的。

（三）关于本案的判决尺度

《公司法》第三十三条规定，股东有权查阅、复制公司章程、股东会会议记录、董事会会议决议、监事会会议决议和财务会计报告，有权查阅会计账簿，但对于会计凭证是否可以查阅未做明确规定。根据最高人民法院在（2012）民申字第635号判决等案例中确定的原则，对于会计凭证是否可以判决查阅，由主审法官根据个案不同情况确定。即在无股东间约定或者章程规定的情况下，非经营股东是否可以查阅公司会计凭证具有很大的不确定性。但如果知情权诉讼最终判决仅能查阅账簿而无法查阅凭证，则基于目前中国企业记账的现状，难以了解企业经营情况的全貌，也意味着实际权利基本落空。

本案起诉的优势在于联营企业的《联营协议》和《章程》中对于D公司的监督、检查权有比较明确的约定，该约定优于《公司法》关于知情权的一般规定，也正基于此，最终法官在做出判决时，也认可D公司的知情权范围可以明确延伸至联营企业的会计凭证。

不过，虽然D公司主张监督、检查权应当包括对于相关会计资料的复制的权利，但最终主审法院考虑《公司法》中相关规定，折中平衡后，仅判决认可D公司查阅会计账簿和会计凭证的诉请，未同意可以复制。虽然判决不能复制相关会计资料对D公司来说小有遗憾，但该判决情况亦在事先预料之中，亦符合D公司的预期目标。

（四）关于本案的执行

知情权执行属于行为执行，就判决确定可以查阅的情况下，如果申请执行人私自复制时该如何处理，法律并无明确规定。D公司内部讨论认为，判决认可查阅相关会计资料，但并未判决不得复制，且亦无相关不得复制的法律规定，在此情况下，可以默认查阅人员在条件允许时自行拍照，如被执行人发现阻止，法院亦不大可能在已有判决生效的情况下，终止执行，更大可能的处理为警告后继续执行，并要求被执行人加强监督。故此，在本案执行过程中，D 公司查阅人员前期对于重要的部分凭证进行了拍照，后虽被被执行人发现并阻止，但最终情况与 D 公司预估的情况一致，法院在警告后，判决继续执行，仅后续无法再对相关会计资料进行拍照。但就此，前期拍照对于 D 公司审计 C 加油站账目情况以及后续推进其他诉讼来说，均取得了极其宝贵的资料。

三、启示体会

（一）要充分重视原始档案在解决历史遗留问题中的重要性

历史遗留问题处理的难点是时间跨度大、人员变动多，早期对接相关事项的人员均已变动甚至退休，所有的事实还原有赖于原始档案的详细记载。本案起诉时的一大优势是，D 公司对于当年联营事项的档案资料保存得非常完整，并且还调取到了 C 加油站完整的内档资料，整个联营过程的脉络及沿革均甚为清晰，特别是《联营协议》和《章程》中关于 D 公司一方的监督、检查权约定明确，这也是确保本案诉请中关于会计凭证查阅权利可以较为确定实现的一个重大原因。故此可以看出档案的完整性和连续性的重要性，即要重视现今遗留历史问题的档案的归集、保管及电子存储，以便于目前可能碰到的历史遗留问题的处理；也要做好当下新形成的材料的归档、保管和电子存储，以确保未来处理相关问题时“有档可查”。

（二）在处理历史遗留问题时必须了解法律规定的历史沿革

就历史遗留问题而言，早年的法律规定大概率与当下法律有较大区别，其间甚至存在法律的多次修订。特别是对于时间跨度大的历史遗留问题，办案的公司工作人员、律师、法官可能对早年的情况均不甚了解。对此，要求法务工作人员在处理该类问题时，要详细研究和了解法律规定的历史沿革，以便在诉讼过程中对于法官可能存在的疑问给予提示或帮忙解答，这也有助于法官了解案情和法律变化，甚至获得其好感。本案中，从立案开始，D 公司的案件办理人员就法院的疑问和疑虑，进行了研究和案例检索，将相关的学术文章以及案例提交法院参考，从而较快速地打消法院疑虑，顺利立案；在审理过程中，D 公司一方向法院阐明的本案所涉事项的法律规定沿革和法律适用方式的观点获得法官的认可，帮助法官迅速抓住本案的审理焦点，最终判决达到了 D 公司的预期。

（三）在法律无明确规定的情况下，应最大限度地争取权益

本案知情权的判决虽然达到了 D 公司的预期，但如何争取尽可能地复制部分会计凭证亦是 D 公司一直所期望的。故此，如前所述的默认查阅人员私自拍照的做法，系属在权衡分析后作出的冒险行为，但事前分析亦认为总体风险可控。最终虽然被执行人一方后续发现并在当时现场赶出 D 公司查阅人员，但后续过程符合 D 公司的预判，因法律对于该情况并无明确规定，法院最终仍然完成了执行程序。也正是因为这一冒险行为，拍照取得的资料甚为珍贵，对于查阅审计成文的理解以及后续的其他诉讼，均具有重大的意义。

股权转让纠纷

诉讼时效已届满　债务重新确认难

——资产管理公司济南分公司诉山东省石油天然气开发总公司股权转让案

【**摘要**】2006年12月15日，济南炼化与山东省石油天然气开发总公司签订了股权转让协议。济南炼化按照协议履行股权转让义务后，山东省石油天然气开发总公司以各种理由拖欠转让对价49万余元。2022年1月，在采取多种救济措施均无效的情况下，济南炼化将山东省石油天然气开发总公司告上法庭。虽然案件实体争议证据确凿，但因超过诉讼时效，济南炼化一审、二审均败诉。

一、基本案情

2006年12月15日，中国石化集团资产经营管理有限公司济南分公司（以下简称“济南炼化”）与山东省石油天然气开发总公司（以下简称“开发总公司”）签订了产权交易协议，合同即时生效。合同约定，济南炼化应将其所持有的鲁南联营销售公司80%的股权转让给开发总公司，自合同生效之日起30日内完成；开发总公司自合同生效时起5个工作日内一次性交付股权受让金共计787308.9元。2006年12月25日，在开发总公司支付了24万元后，因集团公司文件要求，济南炼化将股权在上海联合产权交易所向开发总公司进行了转让，至此济南炼化已按合同履行了全部义务。但开发总公司拒不履行合同，对股权交易的尾款以各种理由进行拖欠，经多次催促，2010 年 7 月开发总公司通过关联公司山东盛业货运汽车出租有限公司以支票方式还款 5 万元。此后不论济南炼化如何催要，开发总公司均以资金紧张为由拒不还款，截至诉讼开始时仍欠款 497308.9 元。

2022 年 1 月，济南炼化在历下区法院起诉开发总公司，法院经审理做出一审判决，以案件超过诉讼时效为由驳回济南炼化的诉讼请求。随后济南炼化不服判决，提起上诉。2022 年 11 月，济南市中院以相同理由驳回了济南炼化的诉讼请求。

二、法律分析

（一）相关法律分析

本案的主要争议焦点是，济南炼化向开发总公司发送的往来款项询证函（对账表、催账单），以及收到的对方盖章确认文件和关联公司的欠款归还能否构成诉讼时效中断或债权债务的重新确认。济南炼化最早于 2011 年 6 月 30 日向对方发送往来款项询证函（对账表、催账单）（简称 2011 询证函），后又于 2014 年 6 月 30 日、2015 年 6 月 30 日、2017 年 6 月 30 日、2020 年 6 月 30 日向对方发送往来款项询证函（对账表、催账单）（分别简称为 2014、2015、2017、2020 询证函）（上述询证函均经过对方盖章确认）。

（1）首先济南炼化需要将 2011 询证函确认为债权债务的重新确认。因《民法通则》《民法总则》中无明确规定债权债务重新确认的法律条款，法院对争议主要的裁判依据为最高人民法院下发的司法解释。济南炼化先以《最高人民法院关于适用〈中华人民共和国民法典〉时间效力的若干规定》中“民法典施行前的法律事实引起的民事纠纷案件，适用当时的法律、司法解释的规定，但是法律、司法解释另有规定的除外”为依据，确定了民法典以前的司法解释的效力。然后根据《最高人民法院关于超过诉讼时效期间借款人在催款通知单上签字或者盖章的法律效力问题的批复》中“债务人在该通知单上签字或者盖章的，应当视为对原债务的重新确认”内容，将其中的“催款通知单”做广义理解，认为其形式包括但不限于“催款通知单”，从而推断出济南炼化2011询证函记录内容中：“我方记录系贵公司欠我公司款项，请贵公司筹措资金还款”有明确的权利主张意思，询证函经过对方当事人盖章确认的，应当构成债权债务的重新确认。

（2）济南炼化还需证明2014、2015、2017、2020询证函构成诉讼时效的中断。首先，通过《最高人民法院关于审理民事案件中适用诉讼时效若干问题的规定》第二条“民法总则施行之日，诉讼时效期间尚未满民法通则规定的二年或者一年，当事人主张适用民法总则，关于三年诉讼时效期间规定的，人民法院应予支持”以及《民法总则》第一百八十八条中“向人民法院请求保护民事权利的诉讼时效期间为三年。法律另有规定的，依照其规定”确定了2020询证函的诉讼时效中断在时间上是符合法律规定的。再通过《民法通则》第一百三十五条的规定“向人民法院请求保护民事权利的诉讼时效期间为二年。法律另有规定的，依照其规定”认定了2014、2015、2017询证函的诉讼时效中断行为在时间上是符合法律规定的。

同时因2015、2017、2020询证函中未明确体现要求对方归还欠款的内容，仅在名称上以催账单体现，济南炼化依据《民法总则》第一百九十五条规定“有下列情形之一的，诉讼时效中断，从中断、有关程序终结时起，诉讼时效期间重新计算：（一）权利人向义务人提出履行请求”和《民法通则》第一百四十条规定“诉讼时效因提起诉讼、当事人一方提出要求或者同意履行义务而中断”认为名称中催账单的出现已经明确表明了催收意思，在实质上也符合诉讼时效中断的法律法规要求。

(3) 上述证明涉及多项现今已经失效的法律法规、司法解释，其证明过程的复杂与困难程度可想而知。一个环节上的否定就会导致整个链条的崩坏，这也为最终法院不利判决的结果埋下了伏笔。

（二）判决结果分析

梳理法院两次判决，一审法院对于2011询证函认定为债权债务的重新确认，但是对于2014、2015、2017、2020询证函，法院认为未清晰表明催收意思，不构成诉讼时效的中断。故判决济南炼化败诉。

二审对于济南炼化补充的关联公司的欠款归还、2011年发送的收到对方盖章确认的往来款项询证函（对账表、催账单）均未认定为债权债务的重新确认。济南炼化再次败诉。

三、启示体会

（一）对历史遗留问题应尽早制定策略，提前预防

因案件发生时间较长，法律适用与获取证据上均困难重重。对于失信企业，不能因为对方是国有企业就放松警惕，尤其在发现对方使用关联公司来间接还款时更应提高警惕。应提前制定策略方案，发现问题尽早启动法律程序，收集证据，最大限度地防止国有资产流失。

（二）法律人员提前参与诉讼，掌握关键证据，降低法律风险

探究本案败诉的直接原因：一是在2006年案发后，直到2011年方

进行书面催告要求归还欠款，由容易认定的诉讼时效中断，转化成了证明要素严格的债权债务确认，胜诉难度陡然增加。二是在 2014 年以后的往来款项询证函（对账表、催账单）中，未明确体现“要求对方筹措资金进行还款”的催收内容，仅通过标题进行了催收，存在法律风险。上述内容表明法律人员的提前参与可以有效地帮助企业掌握核心证据，降低法律风险，大大增加案件胜诉的可能性。

股权转让需谨慎　“一”字不同有麻烦

——A 石油公司收购油站股权合同纠纷

【摘要】A 石油公司与 B 公司、自然人 C 于 2016 年签订“某一天”加油站股权转让合同。经过前期谈判及尽职调查之后，开启了收购流程及手续办理。而 B、C 在股东变更前，将收购目标“某一天”加油站改名为“某天天”加油站，造成了危险化学品经营许可证、成品油零售经营批准证书与营业执照内容不符。因此 A 石油公司以 B、C 未妥善办理证照、履行合同义务为由，停止支付合同尾款 80 万元及利息，B、C 遂于 2021 年 5 月发起了要求 A 石油公司支付尾款的诉讼请求、10 月发起了解除合同的诉讼请求。两次都以 B、C 未足额缴纳诉讼费，撤诉结案。

一、基本案情

A 石油公司与 B 公司、自然人 C 于 2016 年签订“某一天”加油站股权转让合同。2017 年 4 月，B、C 因自身不可知原因，擅自变更“某一天”加油站的营业执照名称为“某天天”加油站，随后交付给 A 石油公司的危险化学品经营许可证及成品油零售经营批准证书仍为“某一天”加油站，导致该二证无法正常参加年检。此后，A 石油公司与 B、C 之间多次往来函件，要求协助办理上述两个经营证照，确保合规经营，才能支付股权转让合同尾款。因A石油公司与B、C一直保持友好的合作关系，且后续仍开展其他合作，所以A石油公司采取了协商沟通方式解决股权转让合同遗留问题。但随后B、C因资金链断裂，并与A石油公司关系交恶，遂于2021年发起了两次诉讼。两次诉讼B、C均因未足额缴纳诉讼费用进行撤诉处理。

二、法律分析

本案争议焦点在于A石油公司是否负有支付合同尾款的义务；如有，该合同义务应当何时履行。

（一）相关法律条文分析

《中华人民共和国民法典》中关于合同履行的抗辩权包括同时履行抗辩权、先履行抗辩权和不安抗辩权三种。

第五百二十五条【同时履行抗辩权】：当事人互负债务，没有先后履行顺序的，应当同时履行。一方在对方履行之前有权拒绝其履行请求。一方在对方履行债务不符合约定时，有权拒绝其相应的履行请求。

第五百二十六条【先履行抗辩权】：当事人互负债务，有先后履行顺序，应当先履行债务一方未履行的，后履行一方有权拒绝其履行请求。先履行一方履行债务不符合约定的，后履行一方有权拒绝其相应的履行请求。

第五百二十七条【不安抗辩权】：应当先履行债务的当事人，有确切证据证明对方有下列情形之一的，可以中止履行：（一）经营状况严重恶化；（二）转移财产、抽逃资金，以逃避债务；（三）丧失商业信誉；（四）有丧失或者可能丧失履行债务能力的其他情形。当事人没有确切证据中止履行的，应当承担违约责任。

从上述案件中可以看出，涉案合同中曾约定“双方于本合同签订之日起，在办妥加油站成品油经营批准证书和营业执照3日内交接加油站名下的营业执照，税务登记证，成品油零售经营批准证书，危险化学品经营许可证，土地、房产证等经营证照和其他资产权属证照，以确保加油站能持续、合法地经营成品油零售业务及目标公司工商执照核准的营业范围内的业务”。违约责任约定“一方未按合同规定履行证照完善义务，致使另一方不能正常使用目标公司（包括加油站）”，“目标公司完整齐全的证照（包括但不限于营业执照、成品油零售批准证书、危险化学品经营许可证）……资料办妥并交接给乙方最迟时间为2017年1月31日”。因此，B、C具有办理或交付合规经营证照的义务，B、C虽完成了对A石油公司的股权变更登记并交付了证照，但显然证照履行部分是有瑕疵的，且对A石油公司造成了合同目的实现的影响，因此，A石油公司虽然具有支付转让款的义务，但可以根据先履行抗辩权，要求B、C交付或者办理合规经营证照后，再行支付尾款或者追究B、C的违约责任。

（二）相关结果分析

《人民法院诉讼收费办法》第十三条规定，原告自接到人民法院预交诉讼费用通知的次日起七日内预交。《最高人民法院关于适用〈中华人民共和国民事诉讼法〉的解释》第二百一十三条规定，原告应当预交而未预交案件受理费，人民法院应当通知其预交，通知后仍不预交或者申请减、缓、免未获批准而仍不预交的，裁定按撤诉处理。该案虽不是A石油公司提起诉讼，但未足额缴纳诉讼费用，会造成撤诉的结果，也值得注意。应当提前对资金进行安排，避免浪费时间或者反复提交诉讼请求。

三、启示体会

在网络建设发展过程中，发展网点数量是一个重要指标。在收购过程中如果发现有任何异样，应当慎重，不能顾此失彼。上述案件中许可性经营证照内容不相符，会造成证照无法年检，势必会对加油站造成经营风险。如证照始终无法变更一致，必给收购方埋下隐患。因此，我们不能忽视合同风险、法律风险。一旦发现，可以延缓项目进度或者找寻更好的解决办法再继续。

跨国并购蒙损失　仲裁维权获赔偿

——某海外并购交易索赔纠纷

【**摘要**】交易对手做出不实陈述，致使S公司蒙受巨额损失。为此，S公司积极主动维权，拿起法律武器，捍卫公司合法权益，开启国际仲裁新篇章。本案对今后海外能源并购交易和尽职调查具有重要警示和重大的借鉴意义。

一、基本案情

2012年7月，S公司签约收购C公司在英国北海资产的49%股权，后续双方成立合资公司。2012年项目交割后，合资公司即出现储量和产量大幅下降、维修维护大量积压、资产发生重大减值等问题，项目运营和资产状况持续恶化。2014年5月，合资公司高级管理人员在离职时指责C公司在交易时对S公司做出不实陈述。经严谨的证据收集和法律论证工作，S公司于2015年就C公司在交易过程中存在不实陈述和违约行为正式向C公司提起国际仲裁，索赔全部损失。

S公司在仲裁程序中主要提出三项仲裁请求：一是C公司违反股权收购协议项下的陈述与保证之诉；二是欺诈性不实陈述之诉（即欺诈之诉），涉及储量、维护维修、产量及生产时效、弃置费用、项目开发五个方面；三是股权收购协议生效日前责任之诉。自2015年以来，双方从多个维度在多个法律程序上展开了激烈交锋。经历了长达五年的精心处置，2020 年 1 月，仲裁庭就储量欺诈做出裁决，认定 C 公司虚假陈述和错误登记 2P 储量并引诱 S 公司进入交易，欺诈成立且应当承担生效日前赔偿责任。2021 年 4 月，仲裁庭认定 C 公司虚假陈述产量和生产时效，存在产量欺诈行为并承担赔偿责任。

面对潜在的重大法律责任，C 公司采取了另案起诉、提起撤裁程序、挑战仲裁员等多项反制措施，试图动摇 S 公司的法律地位。但 S 公司坚持推进案件法律程序，在多个法律程序中连续胜诉，不断给对方施加压力，使得 C 公司的制衡目的彻底落空，不仅进一步巩固了 S 公司在案件中的有利地位，而且迫使 C 公司正视和解路径。最终，经过多轮谈判博弈，双方达成全面和解，S 公司获得高额赔偿。

二、法律分析

该案件的合同依据为双方于 2012 年签订的股权收购协议，该协议中有关违反陈述与保证、法律适用和争议解决等条款作为最后一道防线，有效地发挥了其应有的作用，使得 S 公司能够在争议解决阶段及时组织法律团队展开调查、分析解读合同相关条款，及时运用法律手段在时效期内发出索赔函，有效地保护了 S 公司后续提起仲裁程序的可能性，充分维护了其法律地位和合同权利。

除了依据股权收购协议提出的合同违约请求和主张，S 公司还依据英国法提出了欺诈性不实陈述的欺诈之诉（侵权类诉讼中的一种）。在该案法律和事实方面，双方主要争议焦点是 C 公司在交易中是否实施了欺诈性不实陈述行为。如果是，该不实陈述行为是否导致 S 公司产生经济损失。案件也因此分为定责和定损两个阶段进行审理。

在定责阶段，根据英国法，证明欺诈的法律门槛非常高，欺诈之诉成立需要证明以下四个方面存在逻辑关系：一是C公司在交易过程中向S公司做出的陈述为虚假的；二是该陈述与事实不符；三是C公司是在明知事实的前提下做出了欺诈性不实陈述；四是S公司在投资决定时依赖了C公司及其管理人员做出的欺诈性不实陈述而进入了该股权收购交易。

针对上述构成欺诈的关键要素，S公司充分发掘事实和证据，详细严密论证，通过多次程序性庭审和实体庭审，凭借大量证据和证人证言有力证明了其案件主张。最终仲裁庭认定C公司没有按照SEC标准和其内部储量手册披露实际储量和产量，也没有实际开发相关项目，C公司做出了错误陈述。其内部储量审计师同时担任业务发展部经理，并全程参与了出售北海项目工作，这两个岗位存在利益冲突，其SEC标准2P储量登记受到了资产出售的影响，为提高股权交易价格篡改了经济评价模型中的产量数据以及投资和运营成本，且后续从未更正披露真实情况，C公司的行为是不诚实的。S公司依赖于C公司做出的不实陈述，只能依据C公司提供的虚假数据开展尽职调查而进入交易。因此，C公司储量和产量欺诈成立，且因错误登记2P储量的行为发生在生效日之前，使得目标公司资产价值大幅减少，还存在生效日前赔偿责任。S公司获得储量和产量两个最重要的欺诈主张胜诉，为后续损失认定阶段法律工作以及和解谈判奠定了坚实的基础。

S公司在定责阶段的重大胜利，迫使C公司正视和解路径，最终以双方和解并由C公司向S公司赔偿相关损失圆满结案。

值得一提的是，与国内民商事案件不同，在英国法下合同之诉和侵权之诉可以同时提出，原告或申请人提起诉讼或仲裁请求时不必二选一。法官或仲裁庭享有自由裁量权，认定法律责任时就同一损害行为不拘泥于特定的部门法作为法律依据，但认定损失所依据的法律原则是以能够证明的实际发生的损失为限，且须保证受损失一方不能就同一损害行为获得双重赔偿。

三、启示体会

C 公司故意隐瞒资产真实情况、披露虚假信息是造成 S 公司被欺诈的主要原因，C 公司布局早、出售资产目标明确，公司管理层呈现系统性的欺诈行为，而 C 公司的欺诈手段隐蔽，拒绝提供地质储量等原始数据，尽调资料室大量倾卸文件资料，混乱无序，具有很强的迷惑性，在紧张的交易过程中，使 S 公司难以察觉。

此外，S 公司过于依赖以往与其他国际油气公司的合作经验，加上股权并购交易后 C 公司仍持有北海项目 51% 的股权，使 S 公司相信其是一家值得信赖的合作伙伴。此外，S 公司在对英国北海新进入区域投资环境和油气情况弃置责任评价等方面也存在薄弱环节。

该案是并购引发的欺诈主张案件，也是主动维权的典型案件，S 公司为此投入了巨大精力，该案件处置也为公司整体国际化经营和管理能力提升提供了宝贵的经验。

在交易并购方面，并购阶段出现的问题充分说明应当持续提升新项目开发的国际化经营管理能力。一是加强资源国油气资源和投资环境研究，提高分析判断能力和风险识别能力，慎重进入新区域。二是培养适合公司新项目开发战略的评价团队，对于新进区域或不熟悉的专业领域可聘请专业顾问，加强风险防控，把好资产入口关。三是慎重选择合作伙伴，做好交易对手资质调查和风险评估。四是加强尽调过程中的风险识别和论证工作，尽可能核实与资产价值密切相关的原始数据，重视各项风险提示和异常情况，制定和落实风险应对方案。五是加强过渡期管理，及时跟踪目标资产变动情况，做好交割前最后一道风险防护。六是做好新项目交接交底，提示权利义务及潜在风险，指导项目公司行使权利、履行义务，及时发现问题并采取应对措施。通过案件揭示的管理问题，不断完善上述管理措施，全面尽调、科学评估，使得新项目制度、流程更加规范，进而实现新项目管理水平的全面提升。

在项目经营管理方面，重视合同，及时索赔行权。一是在项目经营过程中，项目人员要熟悉合同，法律人员应提前参与重大争议识别和论证，严格按照合同规定的时限、要求和程序提出索赔、主张权利，避免索赔失效及权利丧失。二是在资产运营过程中，从出售方的角度看，不能像C公司一样，为了在公司价值变为负值前出售相关资产，而刻意篡改原始生产数据并由多位不同层级的高管做出欺诈性不实陈述，既面临巨额索赔又对公司和个人声誉造成严重影响。

在证据收集方面，一是并购交易初步尽职调查到项目交割全过程中，项目团队的成员应当对交易对方在各个环节中的资料室情况、资料展示、管理层和代表陈述、会议或电话沟通情况、参加人员、团队构成、问题澄清、答疑言辞、往来邮件、内外部审批决策流程等内容做好充分、准确和翔实的记录和保存（包括但不限于手写笔记、电子文档和纸质文件等形式），便于后续证据收集、证人回忆和质证工作。二是证据是国际仲裁的根基和关键，甚至会影响到案件的走向与成败。国际商事仲裁中的案件取证、文件披露和证据采纳最核心的两大标准是证据的关联性和重要性（关联性是指和案件密切相关，重要性是指对案件结果有重大实质性影响）。适用英国法的国际仲裁对于证据开示的执行较为严格，仲裁庭非常在意争议相关事实发生时的同时期文件证据（无论对己方是否有利），一旦出现证据造假或缺失则很容易被仲裁庭做出不利推定。因此只有证据充分、质证到位，才能通过证据有效说服仲裁庭。

在积极维权方面，一是要敢于合理运用法律手段，选择有经验的法律顾问团队以及务实的事实证人和专家证人，制定恰当的案件策略，稳步有序推进多个法律程序，有效捍卫公司合法权益和业内声誉。二是内外部律师团队紧密结合，有效发挥各自优势和专长，讨论确定案件处理策略、筛查证据链、评估风险，部署应急预案，为领导决策提供有力的法律支持和保障，对案件态势扭转和阶段性胜诉成果产生了积极的、不可磨灭的作用。

该案件给我们提供了宝贵的经验和启示，使我们能够不断完善新项目开发及日常经营管理机制，防止今后的工作中再次出现类似情况，从而避免给公司造成重大损失。

公司经营管理纠纷

合作协议惹争议　限竞条款需谨慎

——S 公司与 J 公司合作协议纠纷

【摘要】S 公司与尼日利亚 J 公司于 2001 年 4 月签署合作协议，在尼日利亚开展油气业务合作。2009 年 8 月，S 公司收购持有跨国资产的 A 公司，随后 J 公司基于合作协议，主张对 A 公司在尼日利亚的资产享有权利。2018 年，争议进入国际仲裁程序，J 公司索赔金额高达 11 亿美元。经 S 公司的不懈努力，2021 年 1 月，仲裁庭最终裁定虽然 S 公司违反合作协议，但 J 公司并未因此遭受损失，驳回 J 公司的赔偿请求。S 公司获得重大胜诉，避免了巨额经济损失。

一、基本案情

2001 年 4 月，S 公司与尼日利亚 J 公司签署合作协议（简称“合作协议”），约定 J 公司是 S 公司在尼日利亚当地的唯一合作伙伴，为 S 公司提供尼日利亚油气投资机会。在合作协议存续期间，除非 J 公司明确同意，否则 S 公司将放弃在尼日利亚从事任何其他上游石油和天然气活动，同时协议规定，从协议终止之日起 5 年内，S 公司不得与任何 J 公司介绍的主体开展上游油气合作（简称“非竞争条款”）。基于此协议，双方先后在尼日利亚的三个项目上展开合作。

2009 年 8 月，S 公司在国际市场收购一家持有非洲多国油气资产的

A 公司，J 公司主张其在收购过程中发挥重要作用，基于合作协议，J 公司对 A 公司在尼日利亚的资产享有权利。S 公司则认为收购 A 公司项目非经 J 公司介绍，而是在国际市场上整体收购的上市公司股权项目，收购 A 公司项目不适用于双方之间的合作协议，并且 J 公司在收购 A 公司项目时并未发挥作用，J 公司无权对 A 公司在尼日利亚的资产享有权利。

此后，S 公司曾多次努力尝试以谈判协商方式消除分歧，主张将 A 公司收购项目与合作协议分开，J 公司不拥有 A 公司资产权益，并提出以咨询服务费方式对 J 公司予以补偿进而解决双方争议，但 J 公司的期望与 S 公司能接受的程度差距过大，双方未能达成合意。

2010 年 4 月 30 日，J 公司在尼日利亚提起仲裁，争议进入仲裁法律程序。案件处理经历了两个阶段：

第一阶段是 2010 年至 2017 年，以程序应对为主，拖延处理阶段。在此阶段，双方在法律程序上进行了多轮交锋，S 公司成功地挫败了 J 公司在仲裁员选择、资产接管令、交易禁止令和法院诉讼解决争议等方面的各项法律程序请求。

第二阶段是 2018 年至 2021 年，以实体应对为主，迅速推进阶段。2018 年 4 月，S 公司利用 J 公司在合作过程中拒不合作、存在错误的行为单方终止合作协议，随后 J 公司重启国际仲裁程序，索赔金额高达 11 亿美元。在此期间，双方先后完成起诉书、答辩状、证人证言和专家报告等主要法律文书的提交和文件披露程序，案件经历了责任认定和损失认定两轮庭审。

2021 年 1 月 5 日，仲裁庭最终裁定虽然 S 公司违反合作协议规定，但 J 公司并未因此遭受实际损失，驳回 J 公司的赔偿请求。S 公司获得重大胜诉，避免了巨额经济损失。

二、法律分析

本案的合同依据是合作协议，其争议焦点主要为合作协议条款的解释以及损失认定原则，分为责任认定和损失认定两个方面。

在责任认定方面，双方争议的焦点是S公司是否违反合作协议非竞争义务以及J公司在A公司收购过程中是否发挥了重要作用。在损失认定方面，双方争议的焦点是损失的确定是否应以实际发生的损失为准。

经调查和审理，在法律解释上，仲裁庭认为合作协议非竞争条款对S公司在尼日利亚开展油气活动起到了限制作用，即未经J公司的明确同意，S公司不得独自在尼日利亚开展任何上游活动，因此，收购含有尼日利亚资产的A公司项目应当适用合作协议的非竞争条款。在事实认定上，仲裁庭认为S公司在收购A公司的过程中，并未获得J公司的书面同意，因此，认定S公司收购A公司的行为违反了合作协议规定。同时，仲裁庭认定J公司对A公司收购是否发挥作用并不是认定违反非竞争义务的前提条件，其对本案的主张没有法律上的关联性。

在损失认定方面，仲裁庭认为虽然J公司可以就S公司违反合作协议提出损害赔偿，但合作协议没有关于违反非竞争义务的责任条款，J公司损失应当是因为S公司的竞争而导致的其本身或关联公司所遭受的损失，而J公司未能就其因此遭受的损失提供有效且充分的证据，其损失索赔主张没有合同依据和法律基础。

基于对上述事实和法律的认定，2021年1月，仲裁庭做出裁决，认定S公司收购A公司的行为违反合作协议非竞争条款，J公司所提交的证据不足未能证明其因此而遭受损失，驳回J公司的全部赔偿请求。

三、启示体会

（一）完善合同条款，避免排他协议和限竞条款

本案合作协议签署于2001年，是S公司在“走出去”过程中因经验不足遭遇到的一个重大法律挑战。协议中约定排他合作以及“限制竞争条款”对S公司非常不利，严重影响了该公司在尼日利亚的经营和发展，协议中明显存在权利义务界定不清晰、缺少协议期间及终止等关键条款，也为后续产生争议埋下隐患。在开拓境外市场时，应当全面充分了解资源国当地的政策、法律及运营环境。如需签署合作协议，应当严格审核并评估协议文本，确保合同条款完备、合作范围清晰、权利义务明确，同时避免签署排他性合作协议、在合同中设置“限制竞争条款”等限制性合同条款，以防对公司日后发展产生重大不利影响。

（二）收购过程中加强风险识别和规避

对涉外业务公司而言，在新项目开发时，应当对涉及的目标项目及所在国家的重要合同条款进行全面排查，提前识别优先购买权、同意权以及“限制竞争条款”等影响项目收购的限制性条款。针对限制性条款，要进行风险分析，制定有针对性的风险规避方案，同时要严格执行方案计划，防止在“限制竞争条款”等限制性条款下开展新项目收购，从而导致被认定为违约并需要承担违约责任的风险。

（三）加强案件管理，制定恰当的案件应对策略

本案历经12年，在协议文本极其不利的情况下，S公司以胜诉结案，最重要的是得益于强有力的案件管理，尤其是根据案件实际情况，制定了恰当的案件应对策略，取得了显著成效。如在第一阶段制定了坚

持程序应对为主的拖延策略，迫使对方近十年内未能使案件进入实体程序，不得不寻求和解。在第二阶段和解无望的情况下，S 公司制定事实、法律和损失认定三道防线，强化协议法律解读，加强事实证据收集，尤其是抓住对方事实证据漏洞，进行有力的反击，成功守住法律和事实防线，取得最终胜诉。

单方经营惹争议　知情证明成关键

——某加油站承包合同无效案

【摘要】A 公司和 C 石油公司为 B 加油站公司股东。2021 年，A 公司主张 B 加油站公司和 C 石油公司未经股东 A 公司同意，在 2009 年签订《加油站承包经营合同》，违反了《中华人民共和国公司法》的规定，侵犯了 A 公司根据持股比例享有的对 B 加油站公司获取分红、参与重大决策的权利，请求确认《加油站承包经营合同》无效，并按照 A 公司持有 B 加油站公司的股权比例支付 10 年的法定可分配利润给 A 公司。本案经一审、二审，两级法院均驳回 A 公司诉求，C 石油公司继续承包经营加油站。

一、基本案情

1997 年，A 公司与 C 石油公司签订《关于联营加油站合同书》，并按照协议，成立了 B 加油站公司，注册资金 200 万元，A 公司出资 90 万元，出资比例 45%，C 石油公司出资 110 万元，出资比例 55%。B 加油站公司章程约定股东按照出资比例分红。

2004 年 12 月，B 加油站公司召开股东会议，做出 A 公司每年收取固定利润，不承担经营风险的股东决议；同时还做出自 2005 年 1 月 1 日至 2009 年 12 月 31 日由 C 石油公司承包经营 B 加油站公司的决议，并签订了第一份承包经营合同。上述承包到期前，2009 年 B 加油站公司与 C 石油公司签订了第二份承包经营合同，将上述承包期限延展 10 年。

2021 年，A 公司诉请法院确认 B 加油站公司和 C 石油公司签订的《加油站承包经营合同》无效；并主张应按照 45%的股权比例向其支付 10 年的法定可分配利润。

法院受理案件并于 2021 年 11 月作出一审判决，驳回 A 公司全部诉讼请求。A 公司上诉，2023 年 1 月，二审法院判决驳回上诉，维持原判。

二、法律分析

本案争议焦点是 B 加油站公司与 C 石油公司于 2009 年签订的《加油站承包经营合同》的效力。

（一）A 公司对 2009 年签订的《加油站承包经营合同》是知情的，并且按照合同约定收取了固定利润

根据 B 加油站公司的章程，股东应按出资比例分红，而章程中并未规定 A 公司可以收取固定收益。然而，2004 年的股东会决议已经同意 C 石油公司单独承包经营 B 加油站公司，并且 A 公司每年可以收取固定利润，无需承担经营风险。第一份承包经营合同的承包期至 2009 年 12 月 31 日结束。随后，B 加油站公司与 C 石油公司签订了第二份承包经营合同，其内容涉及 B 加油站公司继续承包经营，A 公司继续每年收取固定利润，且不承担经营风险，这一点并未发生变化。A 公司每年确实收取了固定利润，这表明 A 公司对第二份承包经营合同是完全知情的。

（二）2009 年签订的《加油站承包经营合同》有效，不需要股东会的一致同意

A 公司主张 2009 年签订的《加油站承包经营合同》未经全体股东一致同意，违反了《中华人民共和国公司法》和公司章程的规定。但根据案件事实，B 加油站公司的章程及其他相关文件中并未规定签署涉案承包经营合同需要全体股东的一致同意，同时《中华人民共和国公司法》也没有这样的强制性规定。因此，不存在违反法律或行政法规的强制性规定的情况。

尽管 2004 年签订的《加油站承包经营合同》曾经经过股东会决议，但这并不能作为后续合同必须经过股东会决议的依据。此外，A 公司对 2009 年签订的《加油站承包经营合同》的情况是清楚的，并且一直在收取固定利润，其间并未提出异议。因此，2009 年签订的《加油站承包经营合同》无需经过股东会全体同意，其法律效力是有效的。

三、启示体会

（一）应强化合资公司管理

本案发生的主要原因是股东之间沟通不足，双方不能达成一致意见，面对此类情况，强化合资企业的管理显得尤为重要，这有助于从根本上预防潜在的风险。对于我方经营管理的合资企业应通过章程、决议等手段，将我方的管理要求融入合资企业的制度框架内，为持续的企业管理打下坚实的基础。对于各方共同经营管理的合资企业，应充分借鉴、吸收我方专业化的管理经验，并融合进合资企业管理制度中，促进企业的健康规范管理。同时，应当对合资企业的关键环节实施严格的风险控制，确保问题能够在早期阶段得到妥善解决。

（二）应适时完善相关手续

针对本案，如果 2009 年在签订《加油站承包经营合同》过程中，能够通过股东会决议或者在合同执行阶段进行事后确认，将有助于预防后续的争议。因此，在合资公司面临重要决策时，应当依据管理权限，通过董事会或股东会等正式途径对决策内容进行确认。

如果发现合资加油站的相关文件不齐全，应当在法律框架内进行分析，并尽可能在事后采取措施进行补充和确认。这样做可以减少不必要的纠纷，确保合资企业的稳健运营和对其合法权益的保护。通过这种方式，可以加强合资企业的法律意识和提高风险管理能力，从而促进企业的长期稳定发展。

（三）精准定位案件焦点并补充有力证据

在案件处理过程中，准确把握案件的核心问题是实现有效应对的关键。通过对对方诉讼请求的深入分析，可以明确我方的诉讼策略。在诉讼过程中，我方应集中精力证明对方对 2009 年签订的《加油站承包经营合同》是知情的。

为此，我方提供了一系列相关证据，如合同主体的连续性、加油站经营业务范围的稳定性以及利润分配方式的一致性等，这些证据能够有力地支持我方的主张。通过这些证据的呈现，可以让法官形成对方确实知晓合同情况的内心确信，从而有助于取得对我方有利的判决结果。

在整个诉讼过程中，补充和强化这些关键证据是至关重要的。这不仅能够坚定我方的诉讼立场，还能够在法律框架内为我方争取到最大的利益。通过精准地定位案件焦点并辅以充分的证据支持，我方可以更有效地维护自身的合法权益。

合作开发有风险　签订合同要谨慎

——某公司土地合作开发合同案件

【摘要】A公司为盘活闲置土地，与B房地产开发公司签订《合作开发综合住宅楼合同》，双方采取合作开发方式，由A公司提供闲置土地，由B房地产开发公司在土地上规划、设计、开发承建7层临街综合住宅楼，并承担土地出让金等费用。双方约定房产建成后，二层以上住宅商品房归B房地产开发公司所有；一楼出入通道所占面积扣除后，门面房按照A公司得80%、B房地产开发公司得20%的比例分配。后经A公司同意，B房地产开发公司又将土地使用权利转移给C房产置业公司。C房产置业公司最终建成地下1层、地上18层房产后，拒不履行合同约定，并对A公司提起诉讼。双方经多次诉讼，2023年3月，某省高院判决以《合作开发综合住宅楼合同》签订时某建设局审批的《某住宅楼设计图纸》作为标准，确认A公司对一楼扣除出入通道后的门面房面积取得80%的面积。

一、基本案情

2006年3月，某县国土资源局发通知，要求A公司做好存量建设用地的盘活利用工作，若未将闲置国有划拨土地予以盘活利用，将无偿收回土地使用权。

2007 年 11 月，A 公司与 B 房地产开发公司签订《合作开发综合住宅楼合同》，约定双方采取合作开发方式，由 A 公司提供闲置土地，由 B 房地产开发公司在土地上规划、设计、开发承建 7 层临街综合住宅楼，并承担土地出让金等费用。双方约定房产建成后，二层以上住宅商品房归 B 房地产开发公司所有；一楼出入通道所占面积扣除后，门面房按照 A 公司得 80%、B 房地产开发公司得 20%的比例分配。

2012 年 2 月，经 A 公司同意，B 房地产开发公司将涉案《合作开发综合住宅楼合同》的权利义务转让给 C 房产置业公司，2013 年经 A 公司同意将涉案土地变更至 C 房产置业公司名下。

2017 年前后，A 公司和 C 房产置业公司合作开发的住宅楼建成含门面房 2 层、住宅楼 17 层（地下 1 层、地上 18 层）的实际面积。房屋建成后，C 房产置业公司未履行合同约定将相关门面房交付 A 公司，并擅自对外出租。2018 年 7 月，A 公司向建成后的小区门面房租户发出《敦促租户停止装修、限期搬离通知》，告知 80%的门面房面积归 A 公司所有。

2018 年 8 月，C 房产置业公司向法院提起诉讼，请求确认双方合作开发合同实际为土地使用权转让合同，且土地转让对价已支付，后因争议房产建设审批手续不全，C 房产置业公司撤诉。

2021 年，A 公司得知 C 房产置业公司房产手续办理完毕，向法院提起诉讼，要求 C 房产置业公司按照房屋实际建成后面积履行合同义务；C 房产置业公司也在同时期向法院提起诉讼，请求法院判决按照合作开发时涉及图纸面积履行合同义务。

2023 年 3 月，某省高院判决确认《合作开发综合住宅楼合同》签订时双方形成土地使用权转让合同关系，确认双方应按 2008 年某建设局审批的《某住宅楼设计图纸》测量后，对一楼扣除出入通道后的门面房面积依约进行 8∶2 分成。

二、法律分析

本案的争议焦点有两个：一是在开发涉案综合住宅楼过程中，A 公司与 B 房地产开发公司及之后的 C 房产置业公司之间形成何种法律关系；二是开发合同中所约定的二八分成是按照 A 公司与 B 房地产开发公司签订合同后建设部门 2008 年批准的设计面积，还是按照 C 房产置业公司 2015 年至 2019 年实际建设的未经规划批准的建成面积。

（一）第一个争议焦点

《最高人民法院关于审理涉及国有土地使用权合同纠纷案件适用法律问题的解释》第二十一条规定："对合作开发房地产合同约定提供土地使用权的当事人不承担经营风险，只收取固定利益的，应当认定为土地使用权转让合同。"

某省高院认为 A 公司一直不参与房产开发，也未承担 B 房地产开发公司开发房产的风险，只收取固定利益，认定 A 公司与 B 房地产开发公司及之后的 C 房产置业公司之间形成土地使用权转让合同关系。具体土地使用权转让的对价，根据合作开发合同的约定依然是一楼 80%商用房屋。

（二）第二个争议焦点

根据《合作开发综合住宅楼合同》约定："建筑规划设计方案（规划图和设计图）要以某部门审批确定方案为准，须报经 A 公司上级主管部门批准后方可施工。B 房地产开发公司无权单方面修改规划图和房屋设计图，必须按照确定后的建筑方案进行施工。"也就是合同双方进行二八分成是按照某部门批准的建筑规划设计方案确定的一层门面房面积确定。B房地产开发公司在房产开发中，未经A公司同意，自行设计、施工，导致房子盖成后面积和前期图纸的面积差距较大，双方因房产是按实际建成面积还是按图纸面积进行二八分配产生较大分歧。

某省高院认为A公司同意并将涉案土地变更至C房产置业公司名下，应当知晓在《合作开发综合住宅楼合同》中约定的利益有明确的预期，也即知晓、同意建设部门已经批准的设计图纸，否则，A公司为了防止合同权利落空，一般不会不进行特别约定，便将土地变更至C房产置业公司名下，从而受制于人。法院认为A公司以其后续的行为表明其知晓、同意该设计方案，按照“建筑规划设计方案”进行分成的条件已经成就，故法院认定合同双方应按生效的设计图纸进行二八分成。

三、启示体会

（一）做好合作开发法律尽职调查

针对合作开发类合同，要严格项目审核把关，前期查明对方资质证照是否齐全，是否存在履行不能风险；查看合作项目涉及的法律条款中是否存在对我方不利的规定，做好合作项目调研，做好风险防控及应对措施。

（二）加强事中尽职履责

包括但不限于合作开发项目，作为合作相对方，应积极参与相关业务活动，安排专人参加，并做好记录；双方在合作时的相关文件资料、会议记录、沟通记录等都属于合同履行中的一部分，要保留有利证据。

（三）细化合同条款，加强合同闭环管理

首先，签订合同条款尽量明确、具体、可操作性强，否则会因为约定不清导致后续合同履行不能的风险；其次，出现问题时要及时告知法律部门，并提供相应的一整套合同手续资料，以便法律部门能及时了解情况，指导做好资料补充，做好诉讼准备工作。

政策调整惹争议　据理力争终胜诉

——某合资公司区块合作纠纷

【摘要】1999 年 7 月 Y 公司与 H 公司签订了《S 油田提高采收率石油合同》（以下简称《石油合同》），约定由 Y 公司就 S 油田石油提高采收率项目进行作业，承担全合同项下的全部成本费用，Y 公司每年所实际发生的作业、开发费用按合同约定油价折算成原油量后以原油实物回收，双方就产出的原油及剩余伴生天然气按合同约定进行分成。2006 年，国家出台政策对相关销售原油企业按比例征收特别收益金，同时规定，石油特别收益金不作为合作企业联合账簿中合作各方的相关费用成本进行回收。Y 公司之后以成本费用未得到回收为由多次致函 H 公司，要求 H 公司支付其未回收成本费用损失 21701 万元，并于 2021 年 7 月向中国国际经济贸易仲裁委员会提起仲裁。

一、基本案情

1999 年 7 月 2 日 Y 公司与 H 公司签订了《S 油田提高采收率石油合同》（以下简称《石油合同》），合作进行案涉油田石油开采项目。合作前，H 公司在 S 油田内已经开发了一定数量的油井，故在不增加额外投入时，S 油田仍可通过持续作业产出一定数量的原油（即基础油）；合作后，通过 Y 公司增加设备、技术等投入，提高 S 油田内石油总储量及开采量占比（即采收率），进而开采出更多的原油（即增采油）。最终，Y 公司与 H 公司以分配原油实物及产品分成的形式，共享项目开采收益。《石油合同》约定：在履行作业者的责任时，Y 公司应支付所有的为实施提高石油采收率作业所必需的开支及费用。作业者 Y 公司应按合同规定从所分配的原油和伴生天然气总量中回收其用于提高石油采收率作业的费用，未能回收部分视为合同者的风险损失。《石油合同》于 1999 年 10 月 1 日起开始执行，合同期为 22.5 年，于 2022 年 9 月 30 日终止。

合作伊始，双方合作融洽，项目运作顺利。2006 年 3 月，《财政部关于印发〈石油特别收益金征收管理办法〉的通知（财企〔2006〕72 号》）下发，针对超过起征点部分的原油销售收入征收特别收益金。之后下发的《关于征收石油特别收益金有关问题的补充通知》明确该部分收益金不得计入联合账簿作为合作各方的成本费用进行回收。收益金政策实施后，Y 公司就收益金政策致使其成本费用无法足额回收影响项目收益问题向 H 公司进行反映。从维护双方长期友好关系的大局综合考虑，H 公司同意承担 Y 公司所得基础费用油部分收益金的 40%，其余部分收益金双方仍按各自分配所得依法缴纳。此后 5 年间，Y 公司并未就该问题另行提出主张。2010 年 Y 公司股东违背公司控制权稳定的承诺，转让 Y 公司股权。2011 年底，Y 公司在新股东的控制下，初次反言称其未足额收回费用成本，对收益金的分担提出新的要求。2014 年 Y 公司的股东第二次变更，2016 年 Y 公司股东进行了第三次变更，并于 2017 年再次提出其成本费用未能足额回收问题。后于 2018 年、2020 年、2021 年多次向 H 公司去函提出其“应回收未能足额回收费用损失问题，要求进行补偿”，但双方均未达成一致意见。

2021 年 7 月，Y 公司向中国国际经济贸易仲裁委员会提起仲裁，要求 H 公司支付其未回收的成本费用损失 21701 万元；并申请自 2021 年 5 月起以现金方式支付其履行《石油合同》所实际发生的成本费用。

二、法律分析

按照《石油合同》规定，Y 公司独立筹措资金并作为项目作业者，其每年所实际发生的作业、开发费用，按合同规定油价折算成原油量后以原油实物回收（以下简称费用油），费用油回收后剩余部分作为项目分成油，由合同双方按约定比例分享。由于收益金征缴支出发生在 Y 公司取得费用油后的销售阶段，因此在未达到收益金起征点时，其回收的作业成本等于费用油销售收入也即其当期发生的成本费用；但达到收益金起征点时，其回收的作业成本为费用油销售收入减去缴纳的收益金，不同油价缴纳收益金占成本费用的比例为 7%~20%不等，这就导致了 Y 公司提出所谓的“未回收的成本费用损失”。本案争议的焦点：一是收益金是否可作为成本费用予以回收；二是收益金政策的出台对于案涉《石油合同》的履行是否构成情势变更。

（一）收益金是否可作为成本费用予以回收

首先，《石油合同》约定的成本回收方式是实物回收，因此在取得足额费用油后，即视为 Y 公司在合同项下的成本费用已经得到全部回收。Y 公司回收费用油后自行处理或销售环节所得价款归处理者所有，发生的税费也理应自行承担。其次，按照《石油合同》约定，只有计入联合账簿的生产作业费用才可以折算成原油量进行回收，石油特别收益金系原油销售环节支出，且财政部也明确规定，石油特别收益金不得计入联合账簿作为合作各方的成本费用进行回收。

（二）收益金政策的出台对于案涉石油合同的履行是否构成情势变更

情势变更是指合同的基础条件发生了当事人在订立合同时无法预见的重大变化，构成的判定标准一是无法预见，二是重大变化。Y 公司作为有多年经验的跨国石油公司，在中国境内与中方公司合作提高石油采收率项目，应当对中国政府在国际油价过高时会采取适当的调控措施有所预见。在国际油价大幅上涨时，依照行业惯例，很多国家都会征收石油暴利税或采取类似措施，因此中国政府在这方面的政策变化并非完全不可预见。再者，按照政策规定，特别收益金只对超过起征点的部分征收 20%~40%。涉案合同实际履行过程中，2015 年 1 月至 2018 年 4 月期间没有缴纳，2018 年 5 月至仲裁日也只有个别月份缴纳。石油特别收益金开征以后，Y 公司每一年仍然有不错的利润，继续履行合同对 Y 公司来讲并未发生明显不公平，履行合同的基础条件也未发生重大变化。因此案涉石油特别收益金的征缴政策出台不属于情势变更的情形。

三、启示体会

（一）重视合同签订

在合同商谈签订过程中，对于有利于我方的条款，表述上尽量周延、详尽，限缩不利解释空间。对于合作开发类石油合同，把规范合作方控制权变更条款纳入石油合同中，尽量要求合作方的最终母公司提供履约担保，规避合作方随意转让股权等情况。

（二）强化合同履行

在合同履行过程中，对于涉及基本合作模式、利益风险分配、合同边界等重要问题的文件，建议尽量以“补充协议”形式进行落实，并关注双方签章主体、签字人权限，以防止合作方届时以相关约定并未正式达成合意、补充合同签字主体不是原合同缔约主体为由事后反言。

（三）加强项目监管

在对外合作项目的运行监管上，加强项目负责部门、相关审计部门或其他职能部门与法规部门的通力配合。对可能涉及合同实质性内容的相关文件或监督整改事项，法规部门或顾问律师应参与风控审核，避免出现重大不利表态，影响事后对合同签订履行本意的理解。

假冒国企引混淆　字号维权护品牌

——某字号不正当竞争纠纷

【摘要】2022年12月，A公司向法院提起不正当竞争诉讼，要求B公司在与A公司无任何隶属或股权关系，也不存在投资、合作等关系的情况下，停止使用A公司“××石化”字号，并赔偿损失20万元。案件经过两审，A公司胜诉。该案系A公司打击假冒国企专项行动首例主动维权诉讼胜诉案件；同时，该案作为S省国家及知识产权保护中心与该案管辖法院合作设立“知识产权巡回审理点”的首场巡回公开庭审，受到公众的广泛关注。

一、基本案情

B公司成立于2002年4月，成立时企业名称为“××实业公司”。2004年12月，D公司（A公司××石化下属子公司）与C公司合资成立E公司，双方分别持股60%、40%。2005年5月，C公司收购B公司部分股权，向当地工商管理局提交了由E公司出具的《情况说明》，同意B公司将企业名称变更为“××石化××有限公司”，并承担使用“××石化”名称的有关责任和义务。随后，B公司变更了企业名称，并在经营范围中增加“销售：燃料油（不含汽油、柴油、煤油）、润滑油、化工产品（不含危险品）”。2009年3月，C公司退出B公司，不再担任其股东。2012—

2021年，B公司持续使用“××石化”字号，先后三次申请取得《危险化学品经营许可证》，该许可证到期后，仍由B公司办理许可证续期，持续保留资质资格，实际开展业务为面向当地开发房地产项目。

自2022年起，A公司在全系统开展打击假冒国企专项行动。同年6月，A公司发布《关于有关单位未经授权使用“××石化”字号的声明》，载明包括B公司在内的179家公司与A公司无任何隶属或股权关系，也不存在任何投资、合作等关系，其一切行为均与A公司无关。

2022年7月至11月，A公司先后5次通过现场走访、发送律师函限期整改等方式要求其停止使用“××石化”字号，B公司虽口头应允，但屡次拖延，逾期未予更改。2022年12月，A公司向法院提起不正当竞争诉讼，要求B公司变更企业名称并赔偿损失。

二、法律分析

（一）法律条文分析

不正当竞争是指经营者在生产经营活动中，违反《中华人民共和国反不正当竞争法》规定，扰乱市场竞争秩序，损害其他经营者或者消费者合法权益的行为，主要表现为市场混淆、商业贿赂、虚假或引人误解的宣传等七种行为。

其中市场混淆行为指的是在市场交易中，经营者擅自使用与他人商业标识相同或近似的标识，导致或可能导致其商品或服务与他人商品或服务相混淆的行为。商业标识是指构成商品或者经营主体的表征，并将其与其他商品或者经营主体区别开来的符号，包括三类：区分商品或服务来源的标识，如商标、商品的名称、包装、装潢等；区分经营主体的标识，如企业名称、字号、姓名等；区分经营活动的标识，如域名、网页、网站等。本案中涉及的“××石化”字号属于第二类商业标识。

《中华人民共和国反不正当竞争法》第六条规定，经营者不得实施下列混淆行为，引人误认为是他人商品或者与他人存在特定联系：“（二）擅自使用他人有一定影响的企业名称（包括简称、字号等）、社会组织名称（包括简称等）、姓名（包括笔名、艺名、译名等）……（四）其他足以引人误认为是他人商品或者与他人存在特定联系的混淆行为。”第十八条规定，经营者违反“第六条”规定实施混淆行为的，由监督检查部门责令停止违法行为，没收违法商品。违法经营额五万元以上的，可以并处违法经营额五倍以下的罚款；没有违法经营额或者违法经营额不足五万元的，可以并处二十五万元以下的罚款。情节严重的，吊销营业执照。经营者登记的企业名称违反“第六条”规定的，应当及时办理名称变更登记；名称变更前，由原企业登记机关以统一社会信用代码代替其名称。

此外，《最高人民法院关于适用〈中华人民共和国反不正当竞争法〉若干问题的解释》第四条、第十一条、第十二条、第十三条等条文对“第六条”的适用进行了具体规定，包括：①关于“有一定影响”的认定。具有一定市场知名度并具有区别商品来源显著特征的标识，人民法院可以认定为“第六条”规定的“有一定影响的”标识。人民法院认定“第六条”规定的标识是否具有一定的市场知名度，应当综合考虑中国境内相关公众的知悉程度，商品销售的时间、区域、数额和对象，宣传的持续时间、程度和地域范围，标识受保护的情况等因素。②关于如何适用“第六条”第二项、第三项。经营者擅自使用他人有一定影响的企业名称（包括简称、字号等）、社会组织名称（包括简称等）、姓名（包括笔名、艺名、译名等）、域名主体部分、网站名称、网页等近似的标识，引人误认为是他人商品或者与他人存在特定联系，当事人主张属于“第六条”第二项、第三项规定情形的，人民法院应予支持。③关于“特定联系”的认定。人民法院认定与“第六条”规定的“有一定影响的”标识相同或者近似，可以参照商标相同或者近似的判断原则和方法。“第六条”规定的“引人误认为是他人商品或者与他人存在特定联系”，包括误认为与他人具有商业联合、许可使用、商业冠名、广告代言等特定联系。④关于如何适用“第六条”第四项。经营者实施下列混淆行为之一，足以引人误认为是他人商品或者与他人存在特定联系的，人民法院可以依照“第六条”第四项予以认定：一是擅自使用“第六条”第一项、第二项、第三项规定以外“有一定影响的”标识；二是将他人注册商标、未注册的驰名商标作为企业名称字号使用，误导公众。

（二）争议焦点

本案中，A公司起诉B公司的请求权基础系不正当竞争。争议焦点主要为：

1. A公司、B公司之间是否存在竞争关系

从企业登记的经营范围来看，A公司主营业务为生产油气、供应成品油和石化产品等，B公司的经营范围为“销售：石油制品（不含危险化学品）、化工产品（危险化学品按许可证核定内容经营）、建材、五金交电、工程机械；房地产开发经营”，两者经营范围均包括销售石油化工产品。

B公司主张，虽然其登记经营范围包括销售石油制品、化工产品，但从未实际经营上述业务，其主营业务为房地产开发。A公司则认为，B公司引入C公司作为股东，并提交了E公司出具的《情况说明》，同时还在企业名称中使用“××石化”字号，经营范围增加了销售燃料油、化工产品（不含危险品）等，其具备经营石化业务的主观意图；另外，B公司销售地址位于某化工市场，且多次申请办理《危险化学品经营许

可证》，许可期限为2012—2021年，其具备经营石化业务的资质和现实条件。

法院审理认定，B公司与A公司的经营范围部分重合，二者属于同业经营者，具有竞争关系。即使B公司主张其实际经营业务系房地产，也不影响本案中基于明确记载的经营范围认定两者在竞争利益上具有的竞争关系。

2. B公司在其企业名称中使用“××石化”是否构成不正当竞争

A公司成立于20世纪80年代，其企业简称“××石化”亦在经营中被长期、广泛地使用，在业内极具知名度，并为公众所知悉，成为指示经营主体和商品来源的识别标志，属于“第六条”第二项所规定的“有一定影响的企业名称（包含简称、字号等）”。2006—2020年，A公司也在第1~45类商品/服务上注册了“××石化”文字商标。

B公司使用“××石化”是否系经授权合理使用？B公司声称，其经E公司授权，属于合法使用。A公司认为，现有证据不能证明E公司获得了A公司同意其转授其他公司使用“××石化”字号的权限，且实际由C公司控股收购B公司而非E公司，B公司与A公司无任何隶属或股权关系。A公司作为企业名称权人，有权要求其停止使用“××石化”字样，以避免公众产生混淆。

法院审理认定：E公司许可授权的前提是B公司被其控股收购，基于统一形象标识而授权其使用“××石化”作为企业名称，在2009年3月30日C公司退出B公司后，B公司继续使用“××石化”字样已经缺乏事实依据。B公司在明知其不再与A公司有关联，且被多次催促要求变更企业名称的情形下，仍继续在企业名称中使用“××石化”字样进行经营活动，其主观上具有攀附A公司商誉的意图，容易使相关公众误认为B公司与A公司存在特定联系，进而损害A公司的竞争利益，构成不正当竞争。

最终，经过一审、二审，法院判决 B 公司变更企业名称，变更后的企业名称中不得使用“××石化”字样；赔偿原告 A 公司经济损失及合理开支共计 100 000 元。2023 年 12 月 29 日，B 公司完成企业名称变更。

三、启示体会

（一）加强商标和字号合规管理，防控不正当竞争风险

一是加强制度建设，及时修订完善投资经营、产权管理、工商管理、商标和字号管理等方面的制度，补齐制度短板，对不符合商标、字号授权使用情形的，及时予以清理，严禁违规对外授权情况。二是在对外商业合作、广告宣传等经营活动中，重视自身及合作伙伴的管理。确需使用相关名称、简称、字号、姓名、艺名、域名主体部分、网站名称、网页等，应依法取得权利人的授权许可，对使用范围、时间等进行准确界定，严格依法依约使用；在合同条款中对合作伙伴的商业行为进行严格约束，避免侵权行为发生。

（二）建立完善打假维权机制，坚定维护自身合法权益

建立健全日常化、制度化的打假维权机制。一方面，加强日常的清理排查与证据收集，主动排查、及时发现假冒国企线索，固定违法证据，及时向上级单位报告，早发现、早处置；注意收集、保存好自身标识在相关领域有一定影响的证据材料（如广告投入、获得荣誉、销售市场份额等），以便被混淆时能够更好地维护自己的合法权益。另一方面，完善打假维权协作机制。通过协商解决、行政投诉、行业治理、诉讼维权等多种手段，借助政府职能部门、法院、法律中介机构等多方力量，推进打假维权取得实效，以维护品牌形象，净化市场环境。

商号授权不规范　合资管理需优化

——某石油公司商标字号侵权纠纷案

【摘要】2006年11月，销售公司控股的A公司以名义参股形式与地方民企成立合资公司B公司，经营范围为成品油零售、批发。其后，为顺应集团公司改革要求，在当地单独成立C石油公司，销售公司也将A公司股权变更至C石油公司名下。2019年起，C石油公司以虚假合资、无权使用“中石化”商标字号，多次要求B公司更改公司名称、变更股东登记，B公司置之不理。2022年，C石油公司以未经授权违法使用“中石化”字号为由提起侵害企业名称（商号）权诉讼，法院审理认为B公司成立时拟定的公司名称是股东合意行为，公司章程已确定并进行了工商登记，领取了营业执照，B公司使用涉案注册商标合法有据，一审判决C石油公司败诉，二审维持原判。

一、基本案情

1999年，经省级地方政府商请集团公司同意批复，销售公司控股的A公司成立。同年，国务院办公厅转发国家经贸委等部门《关于清理整顿小炼油厂和规范原油成品油流通秩序意见的通知》（国办发〔1999〕38号），“对成品油批发企业要在1999年内进行清理整顿，取消不具备条件的批发企业经营资格。对石油集团、石化集团以外经清理整顿合格的成品油批发企业，可由石油集团、石化集团依法采取划转、联营、参股、收购等方式进行重组”。为了拓展市场，经地方经贸委牵头并取得集团公司同意，A公司与地方民企成立合资公司B公司，但约定“四不原则”，即不实际出资、不承担企业风险、不参与经营管理、不例行收益分配。2006年10月，B公司股东双方签订《投资协议书》及《公司章程》，明确约定A公司持股20%，地方民企持股80%，股东均以货币出资。2006年11月，B公司完成工商登记并领取营业执照，经营范围为汽油、煤油、柴油、润滑油、沥青、其他石油化工产品。其后变更为成品油零售、成品油批发、成品油仓储、石油制品销售。2010年，为顺应集团公司改革要求，销售公司在当地单独成立C石油公司，随后将A公司股权变更至C石油公司名下。

2019年，国资委印发《关于中央企业加强参股管理有关事项的通知》（国资发改革规〔2019〕126号），要求规范字号等无形资产使用，不得将字号、经营资质和特许经营权等提供给参股企业使用。2020年，国资委印发《关于开展“挂靠”问题专项梳理排查有关事项的通知》（国资厅产权〔2020〕107号），要求排查存在名义而非实际的股权（出资）关系，即在法律上进行了工商登记，但实际未出资，未相应履行股东职责，不参与公司治理和日常经营管理的情况。2021年，集团公司印发《关于印发中国石化集团民企挂靠问题综合整治专项行动工作方案的通知》（集团工单财〔2021〕41号），要求对股权代持、虚假合资、挂靠经营、假冒国企的，全面梳理、分类清理整顿。

C石油公司积极落实集团公司要求，对B公司持续开展清理整顿工作：一是多次发函，反复告知对方国资委对中央企业参股管理工作要求；二是多次派员与其商谈。谈判中B公司法定代表人则表示公司为合法成立，要求C石油公司支付公司成立时垫付的注册资金、为建设中石化油库（因不达标而未收购）投资款及相应赔偿；三是向省市两级市场监督局、地方国资委、省级报社商请协助，均因B公司工商登记股东A公司是国有控股公司被拒绝；四是在工作推进过程中，联系到B公司债权人，拟与其共同发起破产诉讼，债权人考虑到申请破产未必能完全主张债权予以拒绝。

2022年6月，C石油公司起诉B公司侵害企业名称（商号）权。C石油公司诉请为：①判令B公司立即停止以含有“中石化”字样的企业名称从事商业活动；②判令B公司停止使用企业名称中“中石化”字号，字号变更后不得与“中石化相同或相近”；③判令B公司停止侵害原告企业名称权及不正当竞争行为，停止使用“中石化”名称。

庭审中，C石油公司对A公司无权转授权、B公司无权使用“中石化”字号积极举证。B公司则认为，公司设立是取得销售公司同意，并按照行政管理要求核准登记成立的合法法人公司，A公司在2012年出具的《关于对B公司增加注册资本金事宜的几点意见》（简称《意见》）第三款中明确提出“A公司授权B公司永久性地使用中石化的商标标志及名头”，销售公司在2006年出具的《关于办理成品油批发许可证的请求》中表述“B公司是A公司下属的配送中心”，B公司使用现有名称合法合规。法院认为，B公司虽未经商标注册人及C石油公司的同意，亦未提交专门的书面许可合同，但A公司作为B公司的股东之一，在公司成立之时即知晓B公司名称，且在《意见》中有授权内容的表述。虽然C石油公司对《意见》真实性不予认可，并提供了同文号的不同文件，拟证明B公司提交的《意见》未经公司程序审查，应属无效，但是法院认为公司程序审查系公司内部决议形成机制，不能对抗外部关系，该《意见》盖有A公司公章，形式合法，对C石油公司主张不予支持。基于《意见》内容，法院认定B公司使用涉案注册商标合法有据，驳回 C 石油公司的诉讼请求。随后 C 石油公司上诉，二审维持了原判。

二、法律分析

本案的争议焦点是 B 公司是否侵权使用“中石化”商标。

《中华人民共和国商标法》规定，未经商标注册人的许可，在同一种商品上使用与其注册商标相同的商标的，属侵犯注册商标专用权；将他人注册商标、未注册的驰名商标作为企业名称中的字号使用，误导公众，构成不正当竞争行为的，依照《中华人民共和国反不正当竞争法》处理。

《中华人民共和国公司法》（2006 年版）规定，有限责任公司的注册资本为在公司登记机关登记的全体股东认缴的出资额。公司全体股东的首次出资额不得低于注册资本的百分之二十，也不得低于法定的注册资本最低限额，其余部分由股东自公司成立之日起两年内缴足。股东缴纳出资后，必须经依法设立的验资机构验资并出具证明。股东的首次出资经依法设立的验资机构验资后，由全体股东指定的代表或者共同委托的代理人向公司登记机关报送公司登记申请书、公司章程、验资证明等文件，申请设立登记。

《企业名称登记管理规定》明确，申请人可以通过企业名称申报系统或者在企业登记机关服务窗口提交有关信息和材料，对拟定的企业名称进行查询、比对和筛选，选取符合本规定要求的企业名称。

2006 年 B 公司成立时，一是有特定的政策背景，由当地政府部门商请集团公司同意并成立；二是公司股东双方通过《投资协议书》《公司章程》确定使用“中石化集团某公司”作为公司名称并通过了工商登记名称核准，公司合法成立；三是完成了公司注册资本的实缴及验资要求。A公司虽未实际出资，但他人足额垫付，满足B公司成立的验资要求，从《公司法》及工商登记档案上看，A公司取得了股东身份。

B公司成立后，所持有的《关于办理成品油批发许可证的请求》佐证了其为A公司下设配送中心，油库建设材料佐证了B公司曾列入中石化2002年区外网络发展规划和2003年区外批发企业发展目标，A公司出具的《意见》佐证了其取得授权使用。

综上，结合2006年的社会背景、法治环境及工商管理要求，B公司的成立没有明显违法行为。其后，B公司以自己的名义开展成品油业务已长达18年，达到了默认使用的状态。因此，在侵权纠纷诉讼案件中，审理法院认为B公司企业名称使用涉案注册商标合法有据。

三、启示体会

（一）建立健全制度体系，规范合资公司从设立到退出的全生命周期管理

确保合资公司设立、变更、运行、调整、退出合法合规，严禁超范围使用“中国石化集团”“中国石化”“中石化”“SINOPEC”字号。强化制度宣贯，合资管理相关单位（部门）各负其责、各追其责。

（二）严控参股企业新设

严格落实重大项目合法合规论证工作机制，未经审查论证，或经审查论证不合法、不合规的，或存在重大法律风险不能得到有效控制的，不得提交决策讨论。重视公司章程的法律地位，公司章程在公司内部具有规范公司活动的法律效力，同时也是公司与外部利益相关者互动的法律基础，以及公司治理结构的核心指导文件。我方参股时要合理设置表决权通过比例、公司僵局退出机制，积极争取重大事项的决定权或否

决权。

（三）严格落实投后管理职责

严格落实重大事项预审制度，强化日常管理监控，及时反馈符合我方权益的预审意见，提高派出人员的履职能力，切实维护中国石化的股东方权益。规范组织召开股东会、董事会、监事会，规范“三会”作出的决议内容与形式，积极落实收益分红，有效提升参股评价结果。

（四）严格落实授权管理

区分控股、参股、合作等具体情况，明确授权范围、授权期限以及转授权权限等；超授权事项，规范申请专项授权，做到一事一授权，行权规范；对未经授权、未正确行权以及超越授权范围开展经营管理活动的，严肃追责问责。

公司解散破产纠纷

关联交易生损害　股东维权终退出

——C 合资公司股权退出纠纷

【摘要】 A 公司与 B 公司签订合资协议，受让 B 公司所持 C 公司部分股权，并合资生产经营石化产品。C 公司因资本金不足，向 B 公司大股东 D 公司拆借大额营运资金。随着市场行情变化，C 公司亏损加大，D 公司向法院起诉要求 C 公司归还借款并支付逾期还款利息。A 公司知悉后，以 C 公司与 D 公司之间的借款合同未经 C 公司股东会批准为由，向法院申请参加诉讼，提出减少逾期违约金诉求，未获法院支持。随后，A 公司依法维权，并向 B 公司出让所持 C 公司股权，及时止损退出。

一、基本案情

2016 年 5 月，A 公司与 B 公司签订合资协议，协议约定 A 公司受让 B 公司所持 C 公司 40%股权。股权转让完成后，A 公司持有 C 公司 40%股权，B 公司持有 C 公司 60%股权。C 公司曾于 2015 年 8 月向 B 公司大股东 D 公司拆借大额营运资金，借款期限为 3 年，利率为银行同期贷款利率，逾期不还应支付高于银行同期贷款利息 4 倍以上的逾期还款违约金。随着市场行情变化，C 公司逐步进入亏损状态，加上背负较高借款和逾期利息负担，财务状况恶化。

D 公司为保证其出借资金安全，多次要求 C 公司还款，并于 2019 年 8 月向法院起诉，要求 C 公司归还本息及逾期违约金，查封冻结 C 公司银行账户和主要资产。虽然 A 公司不是借款合同案件当事人，但借款合同中案涉金额较大，股权转让时 B 公司并未披露高额的逾期还款违约金，在 A 公司入股 C 公司后，C 公司未按章程规定由股东会对关联交易借款合同进行确认。A 公司向法院提出申请，请求以第三人的身份参加诉讼，确认借款合同中逾期还款的违约金部分内容无效或减少违约金。法院以股东不能作为第三人参加公司诉讼为由，驳回 A 公司请求。2020 年 6 月，法院判决 C 公司还款并按银行同期贷款利息 4 倍支付逾期还款违约金。A 公司要求 C 公司上诉，但 C 公司以改判的概率较低、资金不足无力承担上诉费用等为由拒绝。

为避免股东权益受损，A 公司在维权的同时启动股权退出程序，通过产权交易所向 B 公司转让所持 C 公司 40%股权，收回投资并获得一定比例的投资收益。

二、法律分析

D 公司为 C 公司大股东 B 公司的大股东，C 公司与 D 公司之间的借款行为构成关联交易。A 公司作为小股东能否对未经股东会确认的关联交易借款合同提出逾期违约金条款无效或降低违约金的诉求，以及如何实现其权利是办理案件的焦点。

关联交易的本质是一种特殊的自我交易，可能存在利益冲突。《民法典》《公司法》及现行法律法规禁止的是不当关联交易，保护合法有效的关联交易。A 公司以第三人身份申请直接参加诉讼，主要是考虑到在关联交易情形下，借款合同项下高额逾期违约金如被支持，必然影响 A 公司在 C 公司的所有者权益。同时，在应诉中，由于 C 公司处于 D

公司的间接实际控制之下，存在不会积极采取有效维权措施或抗辩的担忧。

在司法实践中，各地法院对股东能否以第三人身份参加公司诉讼持不同态度。最高院（2010）民二终字第19号判决书对此持支持观点。该判决认为，根据《民事诉讼法》第五十六条规定，对当事人双方的诉讼标的，第三人虽然没有独立请求权，但案件处理结果同他有法律上的利害关系的，可以申请参加诉讼。案例中宁夏化工厂是瀛海银川公司的股东，如果认定瀛海银川公司对瀛海集团的债务成立，必然影响宁夏化工厂在瀛海银川公司的利润分配，因而，宁夏化工厂与案件的诉讼结果有直接利害关系，故一审法院准许宁夏化工厂以第三人的身份参加诉讼符合法律规定，并非程序错误。《最高院关于发布第27批指导性案例的通知》指导案例148号则持不支持观点。该案例认为，关于是否存在间接利害关系的问题，通常来说股东和公司之间系天然的利益共同体，股东对公司财产享有资产收益权，公司的对外交易活动、民事诉讼的胜败结果一般都会影响到公司的资产情况，从而间接影响到股东的收益权利。从这个角度看，股东与公司进行的民事诉讼的处理结果具有法律上的间接利害关系。但是，由于公司利益和股东利益具有一致性，公司对外活动应推定为股东整体意志的体现，公司在诉讼活动中的主张也应认定为代表股东的整体利益，不应再追加股东作为第三人参加诉讼。本案法院最终采取不支持观点，驳回A公司的申请。

法院驳回请求后，A公司继续寻求法律途径，拟提起关联交易损害赔偿之诉。根据《公司法》第十六条、二十一条、一百五十一条、一百五十二条，以及《最高院关于适用〈公司法〉若干问题的规定（五）》第一条和第二条的规定，公司的控股股东、实际控制人、董事、监事、高级管理人员不得利用其关联关系损害公司利益。违反前述规定，给公司造成损失的，应当承担赔偿责任。关联交易损害公司利益，有限责任公司的股东，可以书面请求监事会或者不设监事会的有限责任公司的监事向人民法院提起诉讼；监事有《公司法》第一百四十九条规定的情形的，前述股东可以书面请求董事会或者不设董事会的有限责任公司的执行董事向人民法院提起诉讼。

按上述法律规定，股东提起关联交易损害赔偿诉讼有严格的程序限制，只有在监事会或董事会不履行起诉的职责时，股东才有权直接起诉。考虑到D公司的借款行为实际上有利于缓解C公司的资金压力，只是在C公司无力还款产生逾期还款高额违约金时才对C公司造成损害，但这种损害是在C公司违约的情况下产生的，能否得到法院支持存在较大争议。即使A公司提起股东代表诉讼获法院支持，但直接受益的也只是C公司，A公司作为股东，只是股东权益增加但不能直接受偿，增加的股东权益最终还需要通过股权转让或分红实现。同时，由于法院已判决C公司承担银行贷款利率4倍的逾期违约金，拖的时间越长，C公司的损失越大，经过风险评估，A公司决定及时退出C公司，通过产权交易所向B公司出售C公司股权。

三、启示体会

（一）应加强合资前的财务和经营风险评估

A公司受让C公司股权时，C公司已存在大额对外借款，但为了降低投资成本，股东投入资本金偏低，导致C公司财务负担较重，其对外经营主要依托D公司借款及其原料采购供应链支持。在合资初期，由于市场行情较好，企业盈利较高，风险被掩盖，后续由于市场转跌，企业亏损加大，风险和矛盾逐渐显现。因此，对外合资经营时，建议合理设置合资公司资本金，确保合资公司能够独立自主经营。

（二）发现股东利益可能受损，应穷尽法律手段积极维权

在借款纠纷案发生后，A 公司积极维权，向 B 公司提出关联交易损害了 C 公司利益，同时向法院申请以第三人身份参加诉讼提出合理诉求。在法院驳回诉请后，收集证据材料，向 C 公司、董监事会及所有董事、监事发函，要求其代表公司提起关联交易损害赔偿之诉。A 公司一系列的维权行为给 B 公司和 D 公司形成强大压力，最终迫使 B 公司同意按评估价在产权交易所摘牌受让 A 公司所持 C 公司股权，A 公司完成收回投资，最终实现股权投资收益最大化。

公司僵局破解难　解散维权路漫漫

——合资公司解散纠纷

【摘要】中石化方A公司与B公司合资设立Y公司，虽有相应的公司治理结构和决策机制，但B公司通过把控Y公司经营和管理权的方式控制Y公司，并长期不召开股东会与董事会，造成公司僵局，严重损害了A公司的合法权益。A公司在多次沟通无果的情况下，选择提起公司解散之诉。法院对于Y公司是否应予解散存在重大分歧，一审法院认为本案符合公司解散的事实与法定要件，应予解散，二审和再审法院却认为解散过于严格，案件仍有其他救济途径。目前案件仍在抗诉程序中，A公司的维权之路仍在继续。

一、基本案情

1997年8月，A公司与某地方上市能源企业B公司合资设立Y公司，双方各持有50%股权，主营机动车燃油销售业务。2005年7月，Y公司召开股东会通过了公司增资事宜并修订《公司章程》，规定了Y公司的股东表决与提案机制、董事会组成结构等重要内容，特别是明确A公司有权在五席董事中委派两席、董事长进行双方股东轮换推荐等经营管理核心事项。然而，Y公司自此后既未召开董事会，亦未召开股东会，更未分红，公司实际由B公司所经营和把控。B公司在经营中利用单方控制权进行不正当关联交易等转移公司利润的行为，严重损害了Y公司的权益和A公司的股权收益权，A公司也无法行使委派权等其他股东权利。根据B公司公布的财务报表，从2015年起Y公司连续出现亏损，截至2019年上半年，Y公司净资产亏损达到近3000万元。

自B公司单方控制Y公司起，A公司多次尝试沟通无果。2016年以来，A公司多次致函B公司及Y公司，要求召开股东会并行使查阅Y公司财务报表等合法权利，但均未取得同意。2018年10月，经第三方斡旋，A公司与B公司的相关工作人员开会协商重新委派董事、监事等事宜，亦未能取得成果。Y公司明显已陷入僵局，A公司遂提起Y公司解散之诉。

2020年10月，C省某中院作出一审判决：因Y公司长期未召开股东会和董事会，公司无法做出任何有效决议，且公司僵局无法通过其他途径解决，公司继续存续将会严重损害A公司利益，符合公司解散的法律规定，故判令解散Y公司。一审判决作出后，B公司及Y公司均提出上诉。

2021年12月，C省高院二审判决撤销一审判决，驳回A公司诉讼请求，认为公司解散对于公司，是最严厉、最具破坏力的结果，若非万不得已，不宜选择解散公司的办法来解决股东之间的矛盾，以维护社会关系的稳定，保障债权人和员工的利益；本案中Y公司员工已联名请愿不解散，A公司可另提其他诉讼，双方尚未穷尽救济。A公司遂申请再审。

2022年12月，受最高人民法院移送管辖，C省高院进行再审，以二审相同理由裁定驳回A公司的再审申请。2023年8月，A公司又向C省高检提出检察监督申请。目前该案件仍在办理中，A公司仍在维权之路上上下求索。

二、法律分析

本案的争议焦点是在Y公司长期由单方股东经营控制，股东会和董事会决策制度完全失灵等公司严重僵化的情况下，公司是否应予解散。

（一）法律要件上Y公司符合公司解散条件，应予解散

（1）《中华人民共和国公司法》第一百八十二条规定了请求公司解散的四项法律要件：一是公司经营管理发生严重困难，二是公司继续存续会使股东利益受到重大损失，三是通过其他途径不能解决的，四是应由持有公司全部股东表决权百分之十以上的股东提出请求。

（2）《最高人民法院关于适用〈中华人民共和国公司法〉若干问题的规定（二）》第一条补充了应当解散的具体情形，包括："（一）公司持续两年以上无法召开股东会或者股东大会，公司经营管理发生严重困难的；（二）股东表决时无法达到法定或者公司章程规定的比例，持续两年以上不能做出有效的股东会或者股东大会决议，公司经营管理发生严重困难的；（三）公司董事长期冲突，且无法通过股东会或者股东大会解决，公司经营管理发生严重困难的；（四）经营管理发生其他严重困难，公司继续存续会使股东利益受到重大损失。"

一审法院综合考虑了A公司提供的Y公司章程、A公司单方沟通记录、Y公司财务亏损等证据材料，将Y公司近15年未能召开股东会、董事会，未能做出有效决议并且近年来持续亏损，A公司已尽沟通之能事等事实要件与法定要件进行逐一涵摄，作出了符合法律适用和事实情况的判决。

（二）判决结果上法院重社会效果但轻法律，应予纠错

在二审及再审判决中，法院应当进行纠错，主要错误如下：

（1）法院未能以法律为准绳，不仅未考虑公司法规定的法律要件与本案高度契合的情况，忽视公司法法律适用的要求，还在一审判决并无事实认定和法律适用错误的情况下撤销一审判决结果，违背民事诉讼法律适用规范。

（2）法院未能以事实为依据，一是片面性地依据 B 公司炮制的虚假材料，认为双方仍有可能探索股权转让解决的救济方式，而罔顾双方一直以来始终未能取得任何有效沟通进展的现状；二是法院在 A 公司从未提出关联交易、知情权、分红权等侵权请求权的情况下，明知 A 公司无须再次行使知情权，亦无法在公司亏损的情况下主张分红请求权，仍认定 Y 公司股东纠纷可以通过股东内部方式如知情权、分红请求权等方式解决。

（3）法院过分强调维护员工和企业稳定等社会效果，而忽视司法稳定性和公平正义，仅凭 Y 公司操纵下的员工联名不解散公司请愿书就认定公司不得解散，却没有考虑到应当维护法律规定的正常适用，对股东单方控制公司损害其他股东权益这种严重危害社会主义市场经济的行为采取包庇纵容的态度，实为因小失大、得不偿失。因此，A 公司仍将继续坚定维权，穷尽救济途径以寻求公平正义。

三、启示体会

单方股东控制合资公司经营权，保管公司财务账册和公章，恶意不召开股东会、董事会，造成合资公司实由单方股东所控制，这一行为严重违反了公司的人合性，侵犯了其他股东的合法权益，也使得公司无法做出任何有效的股东会决议和董事会决议，是典型的“公司僵局”。为应对这一问题，A 公司在反复沟通与谈判无果的情况下，不得不使用司法武器维权，虽因历史因素、地域因素、社会环境因素等尚未成功，仍在应对僵局方面积累了一定经验与教训，对后续公司参股合资和解决治理纠纷问题具有启示。

首先，公司在合资之前应当做好充分的准备工作：一是要充分开展尽职调查和可行性论证，选择资信良好、商誉佳的合作伙伴，避免出现对方恶意侵占公司控制权的情况；二是要合理确定持股比例和股权结构，尽可能避免容易发生僵局的对等持股，如为实现合资目的不得不对等持股，应充分约定各方股东的权利义务，明确双方股东在人事任免、财务审查、单方审计、股权退出等重点事项上的权责，并在股东协议和公司章程等核心文件中明确对公司僵局、单方控制公司等特殊情况的应对方式，以防后患；三是要健全决策机制，明确按照国有企业相关法律法规，落实合资公司三重一大决策管理机制，科学决策、严格管理。

其次，公司在合资公司运营过程中应当积极作为，发挥股东作用：一是要依据章程约定建立健全定期审计与工作汇报的制度，既要监察合资公司的经营动向和财务状况，又要建立健全委派工作人员的重大事项报告机制和定期述职制度，避免发生公司由对方股东操纵把控的情况；二是要完善合资公司的法人治理结构和议事规则，落实董事会职权，要求合资公司依据法律、章程和内部制度的规定，定期召开股东会、董事会，对公司未能依法依规决策和经营的情况尽早识别、尽快处理，以免积少成多、沉疴难返；三是要建立合资公司经营评估机制，加强对合资公司在治理能力、盈利水平、分红能力、增值潜力等方面的综合分析，并健全股权退出机制，及时退出低效无效或僵局难返的合资企业，及时止损、规避风险。

最后，当合资公司确实出现多次无法决策或者对方股东恶意排挤等危机时，股东公司应当及时采取多元化的纠纷化解机制：一是要通过协商、调解等方式做好前期沟通，分析各方核心诉求，把握问题处理的痛点和难点，奠定后续解纷的坚实基础；二是要积极行使股东诉权，既要制定科学的诉讼策略，推演对方可能提出的各类抗辩理由并做出相应的应对准备，又要与法院进行充分沟通，以事实和法律要件为基础，兼顾社会影响和处置效果，争取法官的理解与支持；三是要加强历史遗留案件处理能力，尽早向上级单位汇报，动态跟踪案件进展情况，争取各方力量推动问题解决。

“借船出海”破僵局　促“执转破”化难题

——参股公司不良股权清退纠纷

【摘要】X 公司是股份公司出资并委托 L 公司管理的参股合资公司，2016 年起全面停产，公司治理处于僵局。2019 年，该参股股权被列入国资委不良股权整改清退清单。L 公司就股权处置工作与其他股东协商无果，2022 年 12 月，L 公司利用与 X 公司委托合同纠纷在 C 法院的生效判决，以债权人身份申请“执转破”。2023 年 6 月，法院裁定 X 公司破产。L 公司成功运用“执转破”破解不良股权清退纠纷。

一、基本案情

X 公司多年未分红且负债累累，2016 年停产后，L 公司派出高管作为 X 公司法定代表人，该法定代表人先后因 X 公司涉诉案件收到十余份限制消费令。民营企业 S 公司系 X 公司控股股东，多年来以各种理由推诿，其他几家当地国资参股股东股比小，缺乏解决问题的积极性，L 公司寻求以协商方式破解公司治理僵局未果。当地政府于 2021 年 9 月将 X 公司列入僵尸企业名单。经多轮法律论证，L 公司在股权清退解决方案中选择了破产清算，决定以债权人身份提起破产清算申请。

2014 年，L 公司委托 X 公司包装加工生产改性沥青，并在 X 公司仓库内留存 9988 吨沥青，后 X 公司未经 L 公司同意，擅自挪用上述沥青。经多番催收，X 公司及其实控人 S 公司承诺以当期市场价格支付沥青款，先后签订了三份还款协议及若干会议纪要，后尚欠 997 万元。2021 年 8 月，为阻断诉讼时效、确认债权，形成 X 公司破产清算的条件。L 公司向 C 法院起诉 S 公司和 X 公司。L 公司胜诉，C 法院判令 S 公司与 X 公司承担连带还款责任。2022 年 6 月，L 公司向 C 法院申请强制执行，C 法院执行到部分款项后决定终结本次执行。

为了依法处置不良股权，寻求对股份公司作为股东身份的有限责任保护，2022 年 12 月，L 公司以债权人名义向 K 法院申请 X 公司破产。2023 年 6 月，K 法院裁定 X 公司已资不抵债，宣告破产。

二、法律分析

（一）相关法律条文分析

（1）《企业破产法》第二条规定：“企业法人不能清偿到期债务，并且资产不足以清偿全部债务或者明显缺乏清偿能力的，依照本法规定清理债务。企业法人有前款规定情形，或者有明显丧失清偿能力可能的，可以依照本法规定进行重整。”第七条规定：“债务人有本法第二条规定的情形，可以向人民法院提出重整、和解或者破产清算申请。债务人不能清偿到期债务，债权人可以向人民法院提出对债务人进行重整或者破产清算的申请。企业法人已解散但未清算或者未清算完毕，资产不足以清偿债务的，依法负有清算责任的人应当向人民法院申请破产清算。”

（2）2018 年版《公司法》第一百八十二条规定：“公司经营管理发生严重困难，继续存续会使股东利益受到重大损失，通过其他途径不能解决的，持有公司全部股东表决权百分之十以上的股东，可以请求人民法院解散公司。”第四十三条规定：“股东会会议作出修改公司章程、增加或者减少注册资本的决议，以及公司合并、分立、解散或者变更公司形式的决议，必须经代表三分之二以上表决权的股东通过，其余事项由公司章程规定。”该规定中没有明确载明公司破产申请事项也需通过三分之二表决权股东通过，但是相较于修改章程、增减注册资本的决议内容严重性来看，应出具股东会决议方可视为债务人破产申请的意思表示。股东是债权人，也不能单独提起对债务人公司的破产申请，否则有损害其他股东权益之嫌。

（3）《最高人民法院关于适用〈中华人民共和国民事诉讼法〉的解释》第五百一十一条规定：“在执行中，作为被执行人的企业法人符合企业破产法第二条第一款规定情形的，执行法院经申请执行人之一或者被执行人同意，应当裁定中止对该被执行人的执行，将执行案件相关材料移送被执行人住所地人民法院。”

（二）债股交织案件处理思路

1. 债权确认、时效中断、案件管辖权及S公司债务加入的责任固化

本案中，L公司与X公司之间存在直接的合同及欠款关系，L公司有权向X公司主张偿还相应款项。后续先后签订了L、X、S三方《结算协议》《还款协议》及会议纪要，S公司以书面形式作出了自愿承担合同债务的意思表示，构成债务加入。从而确认了债权的有效性，固化了X公司和S公司的共同还款责任，确认了债权的司法管辖，中断了诉讼时效。

2. 以债权人的身份申请X公司破产

根据《企业破产法》第二条、第七条的规定，能够直接对X公司提起破产清算申请的有两个主体：债务人、债权人。由X公司提起破产清算申请不具有可行性，因按章程大股东S公司不同意即达不到表决

权要求。由L公司代位股份公司以股东身份请求解散X公司不具有可行性，因法院对公司解散持审慎态度，需征求和协调股东意见，而S公司并不同意和平解散。因此，本案采取债权人提起破产申请的方式。

三、启示体会

本案历史成因较久，且债权、股权问题交织，不良股权处置在系统内鲜有可参考案例，案件处理过程十分艰辛，也给企业带来很多启示。

（一）债股交织，要及时利用董事会等公司治理机制对债权的确认和清偿施加影响

定期梳理应收账款，并通过签订还款协议、还款会议纪要或者发送律师函等形式，中断诉讼时效，为最终选择法律途径主张债权做好铺垫工作。同时，穷尽法律程序，及时提起维权诉讼，避免欠款处于悬而未决的状态。

（二）参股企业股权处于不良状态时，要及时研究止损途径，寻求无过错股东身份的有限责任保护

本案“执转破”程序面临诸多困难和挑战，包括申请人身份的选择和确认，协调执行法院和破产法院管辖权，推动当地政府和有关部门在处僵治困、优化当地营商环境等方面的支持等，最终促成K法院受理破产申请。

（三）强化参股股权项目的全生命周期管理

本案暴露出在X公司重大事项决策管理等方面L公司没有否决权、未派驻现场管理人员，导致管控力不足的问题。应统筹“投、管、退”环节，打造事前规范、事中监控、事后考核的完整股权管理链条。要把

管理要求落实到合资协议、章程、议事规则中，保障股东权益。例如，参股项目在合资协议和章程中明确特定重大事项的否决权条款；约定我方退出条款及触发退出条款的相关情形；明确股利分配和股东审计条款，等等。项目运行中，加强重大事项管理，股权项目“三会”议案实行预审机制。强化外派人员管理，充分发挥外派人员的履职能力。定期开展参股股权项目评价工作。从经济性、战略性、管控性等方面全面评估参股经营投资质量，合理运用增持、减持或退出等方式加强机制管理，提高国有资本配置效率。

公司受损维权难　推进破产解乱局

——某乙醇合资公司亏损破产纠纷

【**摘要**】为落实乙醇汽油封闭运行政策，2003 年 A 公司参股新成立的 B 公司，经过股权变更，B 公司股权最终调整为 A 公司投资 2.6476 亿元持股 40%，C 集团系控股股东，持股 60%。在 B 公司的运行中，C 集团利用股权优势，将采购、销售、生产、财务、人事进行“五统一”管控，使 B 公司变成生产车间和融资工具。2014 年起，B 公司开始连年亏损，C 集团长期占用资金拒不偿还，大量债权人申请查封、冻结 B 公司账户。在 C 集团和 B 公司均资不抵债的情况下，B 公司于 2020 年申请破产重整。

一、基本案情

为落实国家车用乙醇汽油试点推广工作，C 集团、A 公司、某省建投三方共同投资建设 30 万吨变性燃料乙醇项目。2003 年 1 月三方签订合资协议成立 B 公司，注册资本为 46888 万元，三方持股比例分别为 C 集团 60%、A 公司 20%、某省建投 20%。2007 年 11 月，A 公司以 1.58 亿元收购某省建投 20%的股权，持股比例增至 40%，并于 2012 年完成股权变更登记，剩余 60%股权由 C 集团继续持有。

B 公司成立后，按照章程规定，股东会决议事项需过半数通过，董事会决议一般事项需2/3通过（重大、特殊事项全体通过，但未规定）；董事会9人，其中C集团5人、其他股东4人。根据股权及董事情况，C集团实际上对B公司运营拥有绝对控制权，于是其将B公司作为内部二级单位管理，明确B公司采购、销售、生产、财务、人事均由C集团统一管控暨“五统一”，该管理模式导致B公司经营丧失独立性。

在收购某省建投20%股权后，A公司就B公司治理结构、章程、委派人员等事项与C集团谈判。因股东分歧较大，直至2011年6月B公司才完成章程修订。新章程主要变化有：董事调减至5人，其中C集团3人（含董事长）、A公司2人（含副董事长）；设立监事3人，股东、职工监事各1人，A公司委派监事任监事会主席；A公司委派1名副总经理和财务总监；B公司产品定向销售给A公司；B公司每年现金分红不低于净利润的40%，等等。新章程虽然稳定了A公司的乙醇供应渠道，对某省车用乙醇汽油封闭运行发挥了重要作用，但未能从根本上改变C集团对B公司的控制。

A公司委派人员到任后，发现C集团存在严重损害B公司利益行为，包括B公司运营丧失独立性、通过关联交易大幅侵占B公司资金、代为融资等。由此，A公司通过维权，要求：一是督促B公司偿还银行贷款，解除A公司贷款担保责任，并协助A公司下属财务公司大幅降低授信额度。二是规范关联交易，开展关联交易专项审计，推动按市场价格修订关联交易价格。三是督促C集团偿还2012—2013年资金占用费4389万元，确认2014—2016年资金占用费1.48亿元等。基于上述工作，2018年6月，B公司通过新的股东会决议，有效改变了C集团一股独大的被动局面，规范了B公司的经营管理行为。

此前，在C集团一股独大局面下，B公司股东会、董事会无法正常运作，加上“五统一”管控模式，B 公司变成 C 集团的生产车间和融资工具。C 集团 1997 年成立，注册资本 43560 万元，成立伊始便开始多元化投资。截至 2018 年，C 集团对外投资公司 38 个，投资金额超 27 亿元，相关资金绝大部分由 B 公司代为融资或担保，B 公司承担了巨大的融资成本，几乎全部的动产、不动产被抵押，因此陷入沉重的债务负担。

2014 年起，受国际油价断崖式下跌影响，燃料乙醇与成品油挂钩定价机制导致价格大幅下跌，但原材料价格和生产成本却不断上升，B 公司进入持续亏损状态。2014—2018 年，B 公司净利润亏损合计超 18 亿。与此同时，C 集团因亏损爆发财务危机，导致 B 公司被连续起诉、查封抵押资产、冻结账户，并被强制执行，B 公司只得停止经营。后经外部审计，B 公司已经进入资不抵债的破产状态。

为化解 B 公司困境，地方党委、政府确立“继续稳定与中央企业战略合作，引入社会资本参与，重整燃料乙醇产业，实现多方共赢”思路，确定恢复并维持企业生产经营，实施破产重整、与央企合作实现共赢的脱困发展战略。为此，市政府牵头引进某金融投资公司和某亚太生物，通过成立合资公司，以代加工方式启动 B 公司生产经营。2019 年 3 月起，某省、市政府先后与 A 公司会商，希望支持 B 公司破产重整。为贯彻国家能源战略，有序化解 C 集团的问题，延续良好的企地合作关系，A 公司同意参股组建某生物能源股份公司和某油品销售公司，为破解 B 公司的困境提供协助。

2020 年 10 月 26 日，B 公司向法院提出破产重整申请。11 月 5 日，法院下达《民事裁定书》，受理 B 公司破产重整申请并公告。2021 年 1 月 6 日，第一次债权人会议召开。同年 6 月，法院裁定批准 B 公司重整计划。重整计划明确：B 公司注册资本 46888 万元，在破产重整后，现有资产在清偿各类债权后已无剩余财产分配，出资人所有者权益为负值，为保证破产重整程序顺利进行，出资人权益调整为0。基于此，A公司将该长期股权投资进行核销，B公司全部股权0金额转让给新股东。

二、法律分析

本案是控股股东过度控制、侵占公司权益，侵害小股东利益，最终导致公司破产的典型案例。B公司作为独立法人，要想规范经营管理、健康发展，需要股东、董监高严格遵循法律、守护章程权威，严格在法律、章程规定下规范“三会”运行，依法合规进行决策，规范处理好控股股东和公司利益关系，均衡保护大小股东合法权益，合理维护公司的利益。

(一)相关法律分析

1. 公司法

公司法规范了股东的权利和义务，股东应在法律框架内行使权力、履行义务。控股股东不得侵害公司和其他股东利益，发现控股股东侵害公司和其他股东利益的，可以依法维权救济。在对外投资中，企业要认真研究公司法规定。发现利益遭受损失，经沟通协商无法解决的，要及时用好法律武器，依法维护自身权益。

(1) 股东的主要权益。公司法明确规定了股东的有限责任、资产收益权、知情权、参与决策权、选择管理者权、监督权等。如“股东有权查阅、复制公司章程、股东名册、股东会会议记录、董事会会议决议、监事会会议决议和财务会计报告。”“股东会有权选举和更换董事、监事，决定有关董事、监事的报酬事项；股东会会议由股东按照出资比例行使表决权；公司章程另有规定的除外”等。

本案中，C 集团公司严重侵害了 B 公司和 A 公司的合法权益。后续 A 公司依据公司法规定开启维权之路，并取得较大成效。但 C 集团终因本身的巨额亏损，实际无法对 A 公司或 B 公司进行任何赔偿，加上乙醇政策性亏损等原因，B 公司只得走向破产。

（2）股东的主要义务。股东依法履行义务，是公司正常运行的前提和重要保障。公司法规定，股东应遵守法律、行政法规和公司章程，依法履行出资、参与股东会的义务，股东不得滥用股东权利损害公司、其他股东利益，不得滥用法人独立地位和有限责任损害债权人利益等。如“公司股东应当遵守法律、行政法规和公司章程，依法行使股东权利，不得滥用股东权利损害公司或者其他股东的利益。公司股东滥用股东权利给公司或者其他股东造成损失的，应当承担赔偿责任。”

本案中，C 集团长期违反法定义务占用 B 公司资金，让其承担巨额融资责任，最终导致 B 公司资不抵债，被迫停业并破产。

（3）被侵权的救济途径。大股东、董监高违法违规侵犯小股东、公司利益时有发生，公司法对此规定了股东对股东会、董事会决议撤销权、确认决议不成立，以及要求收购股份等救济权利，对保护小股东、公司等起到了重要作用，我方为小股东时，要充分用好这些规定维护自身权益。如“股东会、董事会的会议召集程序、表决方式违反法律、行政法规或者公司章程，或者决议内容违反公司章程的，股东自决议作出之日起六十日内，可以请求人民法院撤销。”公司法还规定，对利润分红、公司合并分立转让主要财产等决议投反对票的股东，以及控股股东滥用股东权严重损害公司或者其他股东利益的，有权要求公司按合理价格收购股权，不能达成股权收购协议时，有权向法院提起诉讼等。

本案中，A 公司在 B 公司运行中后期，依法通过多种途径开展了维权工作。

2. 民法典

我国采用民商合一的立法体系，《民法典》中民事行为的基本原则和相关规定也同样适用于公司的经营活动中。

（1）股东与公司之间的关联交易应遵循《民法典》所规定的公平原则，不得损害公司的权益。股东与投资企业交易时，应当享有平等的法律地位，遵循公平原则合理确定双方的权利和义务。同时，《公司法》（2018 修订版）第二十一条规定：公司的控股股东、实际控制人、董事、监事、高级管理人员不得利用其关联关系损害公司利益，违反这一规定，给公司造成损失的，应当承担赔偿责任。上述规定体现出民商事法律规范对关联交易的规制思路。

本案中，C 集团利用优势地位，单方制定并执行“五统一”管控措施，在与 B 公司交易过程中，严重违反公平合理原则，大肆侵占 B 公司权益，要求 B 公司单方为其提供融资便利，让 B 公司承担巨额不合理债务，这些行为严重的违反了《民法典》的公平原则和公司法的规定。

（2）根据《民法典》物权编关于担保物权的规定和相应的司法解释，担保物权具有优先性，公司为控股股东担保将承担较大的法律风险，即担保物权人在债务人不履行到期债务或者发生约定实现担保物权时，依法享有担保财产优先受偿权。

本案中，B 公司为 C 集团提供大量融资或融资担保，合同到期后，C 集团拒不偿还欠款，相关债权人依法行使担保权，查封 B 公司资产、冻结账户，执行了 B 公司巨额资金，B 公司因承担巨额债务最终失去生存能力。

3. 破产法

企业法人不能清偿到期债务且资产不足以清偿全部债务或者明显缺乏清偿能力的，应当依照《中华人民共和国企业破产法》规定清理债务。依据破产法规定，清理破产债务主要有和解、重整和破产清算三种方式。

本案中，B 公司严重资不抵债且不能清偿到期债务，当地政府采取破产重整方式清理 B 公司债务。法院受理破产重整申请后，各方当事人均按照破产法规定通力配合，2021 年 6 月，法院最终裁定批准 B 公司的重整计划草案。

（二）章程重要性分析

章程既是公司成立的重要资料，也是保障公司生产经营的重要依据。公司法高度重视章程作用，明确章程对公司、股东、董事、监事、高级管理人员均具有约束力，并以章程为载体依法赋予和保障公司自治。除法律强制性要求外，其他事项均赋予公司在章程中进行细化、补充和完善，如将对外投资、担保事项、股东会、董事会、监事会职权及议事方式表决程序、成立审计委员会等重大事项赋予章程规定。公司章程是规范股东行权、履职，保证公司依法合规高效运行、切实防范风险隐患的重要保障。各单位在对外投资时，要高度关注合资公司章程制定、修改完善和有效落实，确保股东、公司以及董监高均在章程规定的框架下运行。

本案中，B 公司成立初期，因股权比例等因素，在章程设计上为 C 集团推行“五统一”并全面集中控制 B 公司提供了依据，B 公司成为了 C 集团的生产车间和融资工具，最终因承担巨额债务而走向消亡。

三、启示体会

（一）优质合作伙伴是公司稳定运营的前提

有限公司的运行不仅依靠资产，更依靠股东能力、信用状况，股东是公司成立和运营的基础，更是公司治理和决策的关键参与者。选择合作伙伴对合资公司规范有序运营至关重要，原则上应当选择那些聚焦主责主业、管理规范、诚信经营且有一定竞争优势和实力的单位，坚决避免与规范意识差、管理能力弱、诚信信用低的企业进行合作。股东依法依章程参与公司重大决策、选择管理层，对公司治理和运营将产生积极的正面影响；股东违法违规滥用股东权利，侵害公司和其他股东利益，将严重伤害公司的持续健康发展。

（二）章程的制定和完善关系到公司的生死存亡

公司章程是股东共同一致的意思表示，载明了公司组织和活动的基本准则，股东、公司，以及董监高都要严格遵守，是公司“根本大法”和“宪章”，可见章程在公司规范治理中的重要作用。因此，在公司成立之初，股东便要认真起草、制定公司章程，明确细化股东会、董事会、监事会、经理层等核心机构职权范围、表决规则、业务流程、审批权限，以及日常经营活动基本要求等，确保公司重大事项的研究、决定规范有效，同时兼顾各个股东和公司自身需要，特别是要根据中国石化要求，及时推动公司章程修改完善，确保公司章程始终对经营管理活动起到支撑作用。

（三）合理确定股比是有效行驶股东权利的重要依据

股东行使权利的主要依据是持股比例，原则上股东应按出资比例行使股东会表决权、分红权、委派管理人员，以及修改章程、增加或者减少注册资本，合并、分立、解散或者变更公司形式须经 2/3 以上表决权通过才有效等。因此，在成立公司之初，要认真分析投资目的，根据目的确定相应的股权比例（如投资股比大于 50%控股、联合一致行动人后股比大于 50%、股比小于 50%但大于 1/3 可施加重大影响，以及小于 1/3 的财务投资等），并严格按股权比例行使股东权利，维护自身和公司合法权益。

（四）“三会”依法运行是公司健康发展的制度保障

公司章程通过对股东会、董事会、监事会职权范围、决策流程、表决方式、召开程序等进行明确规定，分别赋予“三会”决策相应重大事项，“三会”决策公司重大事项时，分工明确、相互协作与制约，“三会”规范有效运行能够推动公司重大战略顺利决策、部署、顺利落地，是公司稳健持久发展的制度保障。本案中，B 公司之所以在运行中出现各种问题或风险，重要原因之一就是“三会”运行不规范。

（五）股东、董监高依法履职是维护投资人利益的关键

本案的重大教训就是，B 公司成立初期，对于控股股东滥用大股东权利侵害公司和小股东利益，小股东和董监高未能依法督促大股东整改，未能依法维护公司和小股东利益，为 B 公司后期破产埋下了隐患。后期 A 公司积极行使股东权益、高管人员积极履职，通过与大股东协商，两次推动公司章程修订，大幅度限制大股东权利；同时，督促 B 公司解除 A 公司 2. 8 亿元贷款担保，协助某财务公司大幅降低授信额度，规范“五统一”关联交易价格，督促控股股东偿还资金占用费等，一定程度上维护了小股东和公司合法权益。

（六）及时止损、积极退出投资有效避免损失扩大

当投资的公司持续发生亏损又扭亏无望时，要根据合资协议、章程

规定，及时启动退出程序，通过转让股权、注销清算、破产清算等多种方式，依法退出所投资企业，防止损失进一步扩大。为依法及时退出投资企业，股东在成立之初就在章程中明确，当发生某些情况时，一方股东有权采取股权转让、强制清算等方式退出公司。合资公司运行中发生约定退出事项时，我方股东要及时启动退出机制，以减少投资损失、防控风险。